宵梦
我爱
Ji Jiaxiaoqing

编著

台湾

山东画报出版社

图书在版编目（CIP）数据

我爱台湾/纪红编著. —济南：山东画报出版社，
2014.2

（中国梦家乡情丛书）

ISBN 978－7－5474－1222－0

Ⅰ.①我… Ⅱ.①纪… Ⅲ.①台湾省—概况—青年读
物②台湾省—概况—少年读物 Ⅳ.①K925.8-49

中国版本图书馆 CIP 数据核字（2014）第 029178 号

责任编辑　许　诺
装帧设计　林静文化
主管部门　山东出版集团有限公司
出版发行

社　　址　济南市经九路胜利大街 39 号　邮编 250001
电　　话　总编室（0531）82098470　（010）61536005
　　　　　市场部（0531）82098479　82098476（传真）
网　　址　http：//www.hbcbs.com.cn
电子信箱　hbcb@sdpress.com.cn
印　　刷　北京山华苑印刷有限责任公司
规　　格　165 毫米×225 毫米
　　　　　12 印张　40 幅图　112 千字
版　　次　2014 年 3 月第 1 版
印　　次　2014 年 3 月第 1 次印刷
定　　价　23.50 元

序 言

月是故乡明

　　"中国梦　家乡情"丛书出版了,可喜可贺!

　　对家乡故土的眷恋可以说是人类共同而永恒的情感,对家乡和祖国充满热爱与牵挂,更是具有深厚文化底蕴和历史积淀的中华民族传统美德。

　　"乡愁是一枚小小的邮票,我在这头,母亲在那头。"台湾著名诗人余光中的《乡愁》诗曾在海峡两岸同胞心中激起强烈的共鸣。诗人把对亲人、家乡、祖国的思念之情融为一体,表达出远离故乡的游子渴望叶落归根的浓郁而又强烈的家国情怀。纵览历史长河,历代志士仁人留下了多少对家乡魂牵梦萦的不朽诗篇,激励着一代代中华儿女的爱国思乡情怀。李白的"举头望明月,低头思故乡",杜甫的"露从今夜白,月是故乡明",无一不是抒发浓浓的思念故土之情。

民族传统文化是一条奔流不息的长河，从古至今绵延不绝。家乡是一棵枝繁叶茂的大树，守护着我们的生命，铭记着我们的归属。而薪火相传的家乡文化则是一方沃土，拥有着最厚重、最持久、最旺盛的生命力，滋养着一代又一代的青少年茁壮成长。中国有着九百六十万平方公里的土地和辽阔的领海，山河壮丽，幅员辽阔，物华天宝，人杰地灵。不同的地域有着不同的源远流长的家乡文化，辉煌灿烂，博大精深，特色鲜明，各有千秋。

　　一方水土孕育一方文化，一方文化影响一方经济造就一方社会。在中华大地上，不同地域有着不同的自然地理环境、民俗风情习惯、政治经济情况，形成了各具特色的地域文化。中国是世界上最古老的文明国家之一，有着几千年光辉灿烂的文明历史，行政区划的历史也十分悠久。从公元前688年的春秋时期开始置县，中国的行政区划至今已有2500多年的历史。作为最高一级的行政区划单位，省级行政区域的设立和划分起源于元朝。后来不同朝代和历史时期多有调整，到目前为止，我国共有23个省，5个自治区（自治区是中国少数民族聚居地方实行民族区域自治而建立的相当于省的行政区域），4个直辖市（直辖市是人口比较集中，在政治、经济、文化等方面具有特别重要地位的省级大城市），2个特别行政区（特别行政区与省、自治区、直辖市同属直辖于中央人民政府的地方行政区域）。此外，台湾作为一个省份，也是

我爱台湾

中国领土不可分割的组成部分。这套丛书即是以省级行政区划为单元分册编写的。

　　这套丛书以青少年为阅读对象，力求内容准确可靠，详略得当，行文通俗，简洁流畅，注重知识性、趣味性、可读性，让青少年较为系统地了解家乡的自然环境、山川河流、资源物产、悠久历史、杰出人物、文化遗产、民俗风情、名胜古迹、经济建设等方面的情况，感受祖国各地的家乡之美。通过这些文化元素的熏陶，培养青少年对祖国和家乡的朴素感情，引导青少年热爱生于斯、长于斯的这片沃土，陶冶情趣，铸造性情。希望广大青少年认真阅读，汲取这套家乡文化读本中的精华，进而树立热爱家乡、热爱祖国的决心和信念，为建设家乡、建设祖国贡献力量。

（原新闻出版总署署长）

2014 年 2 月 6 日

目 录 CONTENT

第一章　碧海浮翠——台湾地理概况

第一节　地形地貌　　　　　　　　　　　　　/ 3

第二节　海峡山川　　　　　　　　　　　　　/ 10

第三节　河流湖泊　　　　　　　　　　　　　/ 16

第四节　气候特征　　　　　　　　　　　　　/ 25

第二章　山川钟灵——台湾自然资源

第一节　植物资源　　　　　　　　　　　　　/ 33

第二节　矿产资源　　　　　　　　　　　　　/ 37

第三节　生物资源　　　　　　　　　　　　　/ 39

第四节　水力资源　　　　　　　　　　　　　/ 41

第三章　沧海桑田——台湾人文撮要

第一节　历史变迁　　　　　　　　　　　　　/ 47

第二节　教育科技　　　　　　　　　　　　　/ 55

第三节　文化艺术　　　　　　　　　　　　　/ 60

第四节　台湾之最　　　　　　　　　　　　　/ 86

第四章　源远流长——台湾民俗风情

第一节　宗教信仰　　　　　　　　　　　/ 94

第二节　节庆民俗　　　　　　　　　　　/ 99

第三节　原民风习　　　　　　　　　　　/ 107

第四节　民间传说　　　　　　　　　　　/ 120

第五节　歌舞民谣　　　　　　　　　　　/ 129

第六节　特色夜市　　　　　　　　　　　/ 135

第七节　风味饮食　　　　　　　　　　　/ 140

第八节　台湾茶艺　　　　　　　　　　　/ 147

第五章　人间仙境——台湾旅游胜地

第一节　著名景区　　　　　　　　　　　/ 151

第二节　风情小镇　　　　　　　　　　　/ 159

第三节　著名公园　　　　　　　　　　　/ 172

第六章　和平发展——两岸关系愿景

第一节　两岸关系曲折中发展　　　　　　/ 179

第二节　两岸关系迈向新时代　　　　　　/ 181

第三节　两岸关系美好愿景　　　　　　　/ 182

第一章

碧海浮翠——台湾地理概况

"缅瀛海于鸿蒙，环九洲而无穷，览形胜于台郡，乃屹立乎海中。丛岗锁翠，巨浪浮空；南抵马矶，北发鸡笼；绵亘三千余里，诚泱泱兮大风。"这首《台湾颂》为清代王克捷所作，字里行间无不体现着作者对台湾宝岛的赞美和热爱。

∧台湾玉山山脉主峰4000米，是亚洲东部第一高峰。

第一节　地形地貌

　　台湾岛是一个驰名海内外的美丽岛屿。早在明朝嘉靖二十三年（1544年），一个葡萄牙商船从欧洲前来东方做生意，当船队在暮色之中驶进台湾海峡时，船员并不知道，待黎明时分，只听值班水手在高声喊道："I has! Formosa! O! Formosa!"意思是"岛！美丽啊！噢！美丽啊！"人们纷纷跑上甲板，向东眺望，万顷碧波之中，浮现一列绿如翡翠般的岛屿，这就是台湾岛。从此"福摩萨"（formosa）之名随着欧洲航海家的行踪传遍全球。

美丽宝岛 >

台湾岛，是我国最大的海岛，其中包括台湾本岛、澎湖列岛、钓鱼岛、赤尾屿、兰屿、火烧岛和其他附属岛屿共88个，为中国的"多岛之省"，是我国东南海面上的天然屏障，素有"东南锁钥"、"七省藩篱"之称，战略位置十分重要。

作为著名的世界旅游胜地，台湾地势复杂，山水风景俱佳，海岸风光美不胜举，被人们冠上"美丽而又富饶的宝岛"。台湾长夏无冬，气候宜人，又日照充足，降水丰沛，使得全岛树木蔽日，花草丰茂，所谓四季之花常开，大部分土地都覆盖翠绿的森林，有"海上翠微"之美誉。台湾岛自古以来就是中国的领土，一直为世人所称赞，乃"山海秀结之区，丰衍膏腴之地"。

台湾是中国的第一大岛，位于祖国东南沿海的大陆架上，西隔台湾海峡与福建相望。台湾海峡北通东海，南接南海，是中国和国际海上交通要道。台湾岛多山，以纵贯南北的中央山脉为分水岭，形成了东部多山地、中部多丘陵、西部多平原的地形特征。

一、地貌特征

从飞机上看，台湾省的地形好似一把芭蕉扇，南北长、东西窄。从最南边的鹅銮鼻到最北边的富贵角长380公里，从最东边的新港到最西边的新社以南宽150公里。山地、丘陵占总面积的三分之二，平原占三分之一。有五条巨龙之美誉的海岸山脉（又称台东山脉、台湾山脉）、中央山脉、雪山山脉、玉山山脉和阿里山脉等五大山脉，蜿蜒起伏，自东北至西南平行伏卧在台湾岛上。

构成台湾地形的骨干是位置偏东的海岸山脉，为全岛主要分水岭。山岳高峻雄伟，气势磅礴。山峰拦截了东西的水汽，形成了丰富的降雨，带来了繁茂的植被，把一个在平原上需要南北纵跨数千公里才能看到的各类动植物生态群落，一下子浓缩在高程只有几千米的幅度内，自然景观密集度很高。

最高的是玉山，主峰海拔 3952 米，为我国东部最高的山，也是太平洋西岸诸岛上的第一高山。山下浪涛滚滚，远处水天相连，形势十分壮观。岛的西部为平原，主要有台南平原、屏东平原、台东花莲纵谷平原和宜兰平原等，是台湾主要农业区。山地平原间为丘陵地区，主要有基隆竹南丘陵、嘉义丘陵、丰原丘陵、恒春丘陵。山间盆地发育，如台北盆地、日月潭盆地等。

台湾还是一个多火山、温泉、地震频繁的地区。独立于台湾北端的大屯山群，在海拔1000多米以上，由几个火山组成。大屯山顶的火山喷火口，雨季积水成湖，被称为"天池"，是台湾著名的风景区。温泉多分布在台湾南北各地，最著名的温泉，有北投、阳明山温泉等。地震比较频繁的地区，主要集中在西部、东部和东北部。

高山的形成和存在，也造成了很多的河流，共有150多条，其特点是河床坡陡、流量大，瀑布、险滩多。浊水河、淡水溪、淡水河、大甲溪、大安溪等是较大的河流，因落差大，水流急，为水利发电创造了良好的条件。

河流风光 >

二、地形特点

台湾有台地、平原、山地、盆地、丘陵等五种地形,特点是:山多平原少;山高水急;主体山脉偏东纵贯;平原以西部较广;长河大都向西流;主要河川与山脉成横谷,多峡谷。

1. 多岛之省

台湾省包括台湾本岛和兰屿、绿岛、钓鱼岛等21个附属岛屿以及澎湖列岛63个岛屿,是一个多岛之省。台湾岛形状如一纺锤,全岛面积35873平方公里。目前所称的台湾地区包括台湾省本身及台湾当局所控的福建省金门、马祖等岛屿,总面积约36006平方公里。

澎湖群岛。也称澎湖列岛,位于台湾海峡,介于台湾本岛和福建省之间,东距台湾本岛最近距离24海里,西距福建厦门约75海里,是海峡两岸海上的交通要冲,地理位置十分重要,故有"台湾海峡之键"的称号。澎湖列岛由澎湖本岛和63个岛屿组成,面积为126平方公里。

兰屿。原名红头屿,位于台东县东南的太平洋中,因盛产名贵的蝴蝶兰而改名为兰屿,面积44.7平方公里,为海底火山爆发隆起而成的火山岛,是台湾本岛最大的属岛,岛上山峦青翠,碧海蓝天,风景如画。该岛为雅美族的世居地。

绿岛。原名火烧岛,传说因岛内的火烧山在阳光照耀下满山通红而得名,后因火烧岛的名字易给人寸草不生的错觉,而于1949年改名为绿岛。该岛位于太平洋上,面积15平方公里,现为台东县管辖的绿岛乡。该岛也是一个火山岛,外形与兰屿相似,呈不等边四角形,因此有人将其与兰屿称为"姐妹岛"。

我爱台湾

台湾绿岛礁石 >

　　琉球屿。又称小琉球，位于台湾南部下淡水溪入海口之南，屹立于台湾海峡之中，面积 6.8 平方公里。因形似一个浮在海面上的球，而得名琉球屿。琉球屿是一个珊瑚礁构成的隆起冈峦。

　　2. 多山的海岛

　　台湾是一个多山的海岛，在不到 3.6 万平方公里的面积上，分布超过 260 座海拔 3000 米（9800 英尺）以上高峰，是全世界高山密度最高的岛屿之一。山地面积占了全岛总面积的三分之二，东部和中部大部分地区是高山和丘陵。中央山脉、雪山山脉、王山山脉、阿里山山脉和海岸山脉，巨龙般伏卧岛上，统称为台湾山脉。

海岛风光 >

中央山脉北起苏澳附近，南达台湾南端的鹅銮鼻，纵贯台湾本岛南北中央，成为全岛的脊梁和分水岭，有"台湾屋脊"之称。中央山脉全长达270公里，东西宽80公里。

玉山山脉在雪山山脉的南面，西南走向，北端隔浊水溪上游与雪山山脉紧邻，南端至屏东平原北部，全长约120公里。玉山主峰海拔3997米，是全岛和大陆东部地区的最高峰。玉山山顶终年积雪，色白如玉，因此被称为"玉山"。

雪山山脉又称次高山山脉，位于中央山脉的西北侧，全长180公里，主峰海拔3884米，是台湾第二高峰。阿里山脉是台湾岛最西边的一条山脉，海岸山脉则是台湾岛最东边的山脉，台湾岛北端还有一个自成体系的大屯火山群。

3. 多丘陵

丘陵和台地分布在五大山系与平原过渡的山麓地带，从台北盆地周缘至恒春半岛止，一般海拔在600米左右，占台湾岛总面积的四分之一弱。主要丘陵有基隆竹南丘陵、嘉义丘陵、丰原丘陵和恒春丘陵。基隆竹南丘陵为台湾岛最大的丘陵，由基隆丘陵、新竹丘陵、苗栗丘陵等组成。嘉义丘陵位于阿里山脉前，属海拔在250米以下的低丘陵。丰原丘陵位于上述两丘陵区之间，为台湾本岛中部地形最特殊的地区。恒春丘陵，位于恒春半岛，中央山脉至此成平缓的南北向背斜，山势逐渐向两侧低落。

除丘陵之外，在台湾岛北部至中部丘陵西侧，还零星分布一些地势较丘陵低平的台地，自北而南主要有林口、桃园、中坜、湖口、后里等台地，高度均在海拔400米以下。

4. 平原与盆地

台湾平原和盆地数量不多，面积较小，仅占全岛面积的五分之一。主要平原有嘉南平原、屏东平原、宜兰平原与台东纵谷平原。嘉南平原也称台南平原，面积约4450平方公里，为台湾最大平原。屏东平原位于台湾岛南部，面积1160平方公里，是台湾岛第二大平原。宜兰平原又称兰阳

位于嘉南平原的高尔夫球场 >

平原，位于台湾岛东北部，是台湾东部开发最早的地区。台东纵谷平原位于中央山脉和海岸山脉的山峦之间。此外，北部沿海还有一些面积较小的平原，主要有新竹冲积平原、苗栗冲积平原和彰化平原等。

台湾的盆地较平原面积更小，数量也少。较大的盆地主要有台北盆地、台中盆地与埔里盆地群。台北盆地位于台湾岛北部，是台湾北部最早开发的地方。台中盆地位于台湾岛中部，面积400平方公里，是台湾岛最大的盆地。埔里盆地分布有十几个大小不等、南北对列、由群山围绕的陷落盆地，统称为埔里盆地群。

台湾虽然平原与盆地面积有限，但一向是台湾最重要的农业区和居民区，也是经济最发达的地区。全省约95%的大中小城市集中在平原与盆地。

5. 形态各异的海岸

台湾省是一个岛屿省份，岛屿众多，海岸线长。台湾本岛海岸线就有1566公里，包括了东部、北部、西部与南部等四个不同海岸。东部断层海岸，以台北县三貂角的莱莱鼻为起点，向南延伸，经宜兰、花莲、台东直至屏东的九棚，全长380公里。整段海岸大致平直，濒临太平洋，大部分是陡直岸壁紧贴海岸，共有4段断层海岸组成，是典型的断层海岸。

碧海浮翠——台湾地理概况

北部海岸，西起淡水河入海口北岸的油车口，向北经富贵角再折向东至莱莱鼻，全长约85公里。东临太平洋，北迎东海，西依台湾海峡，属隆起海岸。北海岸地区是标准的海蚀地形，整段海岸凹凸曲折，岬湾相间，奇石怪岩，极具旅游观赏价值。

西部海岸，北起淡水河入海口的南岸，向南延伸至屏东县西部的枋寮，全长约410公里，濒临台湾海峡，为沉积隆起海岸。整段海岸单调平直，地势缓斜。在风向、风力和浪潮的作用下，造成旺盛的堆积，沙滩绵长。

南部海岸，自屏东枋寮向南，经过台湾岛南端的猫鼻头和鹅銮鼻，再折向北至九棚，西临台湾海峡，南接南海，东濒太平洋，全长264公里，为典型的珊瑚礁海岸。

第二节　海峡山川

一、海峡

台湾海峡，是贯通中国南北海运的要道，位于福建省和台湾省海岸之间。台湾海峡走向大致为北东——南西，南北长约370千米。海峡北窄南宽，北口宽约200千米，南口宽约410千米，最窄之处在台湾白沙岬与海坛岛之间，仅为130千米左右。海峡面积约83000平方千米。

台湾海峡地形起伏不平，平均水深约60米。海峡中有一个东北——西南向的隆起带，由台湾浅滩、台中浅滩和澎湖列岛组成。东西两侧各有

澎湖风光 >

两级阶地。南口有台湾浅滩，由900余个水下沙丘组成，滩上有急流，水文情况复杂。台中浅滩，与东部阶地相连。两浅滩之间为澎湖岛岩礁区，北部岛礁分布较集中，水道狭窄；南部岛礁分散，水道宽阔。

澎湖列岛与台湾本岛之间有澎湖水道，南北长约65千米，宽约46千米，为地壳断裂形成的峡谷，为台湾西岸南北之间和台澎之间联系的必经信道。另一峡谷为八罩水道，宽约10千米，分澎湖列岛为南北两群，为通过澎湖列岛的常用信道。

海峡位于亚热带、北热带季风气候区。中部气候平均最高28.1摄氏度。西北受大陆影响，气温年差较大；东南部受海洋性气候影响，年温差和日温差较小。海峡虽阴雨天气较多，但与两岸相比降水量较少。海峡中雾日较少，两侧近岸雾日较多。

海峡水温较高，盐度和透明度较大。年平均表层水温为17～23摄氏度。透明度东部大于西部，平均3～7米。水色东部为蓝色，西部为蓝绿色，河口或气候不良时呈绿黄色。台湾海峡的潮汐情况比较复杂，潮差西部大于东部。

二、山川

台湾是个南北狭长、高山密布的岛屿，山脉分布纵贯全台。若依陵脉延伸的完整性，大致可分成呈南北纵走方向的中央山脉、雪山山脉、玉山山脉、阿里山山脉和海岸山脉等五大山脉，以及位于西北方的大屯火山群。

1. 中央山脉

中央山脉北起宜兰县苏澳附近的东澳岭，南抵台湾岛最南端的鹅銮鼻，纵贯台湾本岛南北，全长330公里，东西宽80里，高峰连绵。中央山脉纵贯全岛中央，有"台湾屋脊"之称，它将全岛分成东小、西大不对称的两半，东部地势陡峻，西部较宽缓，并成为全岛各水系的分水岭。

大禹岭是号称"台湾屋脊"的中央山脉山脊线上的一个垭口，旧称合欢垭口，地处碧绿、合欢两山的鞍部，海拔2565米，是中横公路主线的最高点，也是中横公路与中央山脉、中横公路主线与雾社支线的交叉点。站在环境清幽的大禹岭山庄，环顾四周的巍巍群山，不仅要为越过这气势磅礴的台湾屋脊而豪情满怀，也会为美丽宝岛这雄奇壮丽的山景而赞叹不已。

< 中央山脉

合欢群峰位于大禹岭西南方，合欢山群峰海拔均达3000多米，山高气寒，虽地处热带岛屿，却是冬季降雪区。这里有许多不太陡的山坡，在台湾所有降雪区山岭中惟独合欢山宜于滑雪。

合欢山积雪是宝岛奇景之一。这些峰岭位于潮湿气流交汇地带，从立雾溪引入的太平洋气流和从兰阳溪吹来的东北风带来丰富的水汽，在合欢山区流动，冬季寒流袭来，水汽遇冷，合欢山便雪花纷飞。平缓的山坡使雪能一层一层地盖积起来，形成良好的滑雪条件。

冬攀合欢山是台湾近年来非常"热门"的旅游活动和登山运动。攀到合欢山与大禹岭间，有一难行的山谷，风强坡陡，往往要匍匐前进方能通过。这里旧名"鬼门关"，现易名"克难关"。登山者多喜一试。若要看雪景，则以武岭为最佳处。在那里看冬季群峰一片晶莹，看挺拔的针叶树林依然青翠若春，生气勃勃。

2. 雪山山脉

雪山山脉为台湾五大山脉之一，位于中央山脉的西北方，东以兰阳溪断层谷与大甲溪上游纵谷与中央山脉分界。雪山山脉为台湾最北方的山脉，呈现东北至西南走向，长约260公里，宽约28公里。

由于受到大汉溪、大安溪及大甲溪的侵蚀，山脉被分割成北部的阿玉山阶段山地、中部的雪山地垒以及南部的埔里陷落区三个地理区。雪山则恰位于雪山地垒的中心点，由此向外呈放射状延伸，支脉绵亘北台湾。

雪山山脉 >

碧海浮翠——台湾地理概况

台湾百岳名峰中，属于雪山山脉的有：雪山、大剑山、品田山、大雪山、佳阳山等。其中雪山是雪山山脉中第一高峰，也是全台湾第二高峰。据统计，雪山山脉中属于台湾百岳名峰的总计有19座，3000米以上的高峰则有54座。

雪山山脉的森林资源十分丰富，山坡、谷地甚至岩壁中，到处长满了台湾冷杉，被称为台湾冷杉的大本营。在翠池往大雪山的途中，有成群的玉山圆柏巨木，雄伟苍劲，形成壮观的巨木群。还有大片由扁柏、红桧、峦大杉、肖楠等树木组成的原始森林，建有大雪山林场。

雪山山脉也有许多古道，最北边的隆岭古道、龟妈坑古道、草岭古道、石坑古道、北宜古道、跑马古道、哈盆越岭道、中岭古道等，有许多是泰雅族部落联络之用。

3. 玉山山脉

玉山山脉位于雪山山脉的南面，和中央山脉平行，走向西南，逐渐低缓。北端与雪山山脉相连，南至屏东平原，全长约120公里。

玉山山脉最高地段在南投县西南境，有五座高山簇拥而立，横空出世，五山居中傲然突出的高峰就是宝岛之绝顶，也是亚洲东部沿海地区最高的山峰：玉山主峰。玉山因其峰顶冬季积雪远望如玉而得名，以其冠绝东南的高度、雄伟磅礴的气势、壮丽晶莹的姿容吸引着人们。玉山美，美在它的奇峰。玉山群峰突兀峥嵘、高插云天，各座山峰，从不同角度观赏，千姿百态，各异其趣。

< 玉山

我爱台湾

玉山主峰挺拔高峻，山容、山势都有王者之尊。冬季，山顶白雪皑皑，月夜望之，玉色璀璨，晶莹夺目。夏季，晴天的早晨，从北峰眺望，金色的曙光宛如替玉山披上了一身金衣。如登上主峰向四周眺望，山脉诸峰历历在目；俯视全岛，群山如丘，河溪如带；远望太平洋，回顾台湾海峡，雄伟山河一览无余，大有"地到无边天作界，山登绝顶我为峰"之感。

除主峰之外，玉山群峰的其他各峰也都各具特色。东峰形势陡峭，西峰海拔以山顶被冷衫密林和一丛丛的剪竹林遮蔽为其特色。除奇峰之外，玉山的云瀑、日出、林涛也都是著名的美景，令人惊叹不已。

4. 阿里山山脉

阿里山，位于台湾嘉义市东方75公里，地处海拔2000米以上，东临玉山山脉，四周高山环列，气候凉爽，平均气温为10.6摄氏度。阿里山森林游乐区总计面积高达1400公顷。

阿里山铁路有70多年历史，是世界上仅存的三条高山铁路之一，途经热、暖、温、寒四带，景致迥异，搭乘火车如置身自然博物馆。尤其三次螺旋环绕及第一分道的Z字形爬升，更是难忘的经验。

阿里山风光 >

碧海浮翠——台湾地理概况

主峰塔山海拔二千六百多米，东面靠近台湾最高峰玉山。一般俗称的阿里山，正确的说法是阿里山由十八座大山组成，涵盖了阿里山山脉的主要山系。阿里山又是一个绯艳绚丽的樱林。这里的樱花驰名中外，每年二月至四月列为花季，登山赏樱花的游人络绎不绝。

阿里山山脉属玉山支脉，涵盖范围虽大，但一般所指为沼平公园一带（海拔2274公尺）的阿里山森林游乐区。阿里山景观多元，春可赏花、夏能避暑，秋冬观日出、看云海，一年四季皆有可观，高山铁路、森林、云海、日出及晚霞，更号称阿里山"五奇"。阿里山曾为台湾重要林场，如今则是驰名中外的森林游乐区；此地地势高亢，空气清爽宜人，夏季气温较平地低，故素以避暑胜地闻名。

第三节　河流湖泊

一、河流

台湾岛河川众多，水网密集，但受地形、地质结构与气候等因素的影响，河流流程短，水势湍急，险滩瀑布多，水力资源较为丰富。

台湾共有大小河流约150条，总长度42000公里，平均每平方公里拥有1.17米长的河流，是我国水网最密集地区之一。高耸入云的中央山脉成为台湾岛水系与河流的重要分水岭，其东部和河流注入太平洋或东海，西部河流则注入台湾海峡。

台湾本岛主要河流有 19 条，长度在 100 公里以上的有 6 条，分别为浊水溪、高屏溪、淡水河、大甲溪、曾文溪与大肚溪。

浊水溪。台湾省最长的河流，全长约 186 公里。流经南投、彰化、云林县，流域面积约 3150 平方公里。发源于中央山脉合欢山主峰与东峰之间，沿途接纳塔罗湾溪、万大溪、卡社溪、丹大溪及郡大溪后，折而西行，又会陈有兰溪而水量大增，河面渐宽展，河道成辐射状。至林内会合南岸清水溪后进入平原，形成广大的冲积扇。河水分成 4 条分流入海，由北而南依序为：北溪（旧浊水溪）、西螺溪（浊水溪）、新虎尾溪及北港溪。其中以西螺溪最为宽广，主流即经该溪注入台湾海峡，闻名的西螺大桥亦跨越此溪河床而建。其上游地势起伏，河道多成纵谷；落差大，雨量多，水力资源丰富，建有万大、雾社及日月潭三水库，均供水力发电之用。林内以下之河水，则用于灌溉。

高屏溪。又称下淡水溪或是淡水溪，发源于玉山山脉东麓和中央山脉的秀姑峦山西麓，主要流经地区包括高雄县 12 个乡镇及屏东 13 个乡市，而它自旗山到林园工业区出海，正好是高雄县与屏东县分隔，因此得名。高屏溪全长 171 公里，流域面积约 3257 平方公里，是台湾岛第二长河和流域面积最大的河川。因地属亚热带气候，有极明显干雨季之分，高屏溪流域雨量丰沛，气温高日照强，因此蒸发量大。

浊水溪 >

< 淡水河

淡水河。淡水河的源头在大霸尖山之南海拔约 3100 米巍峨高耸的品田山上，经过几十万年的地壳变动，蜿蜒在整个台北盆地。主流从发源地到出海口长约 152 公里，整个流域面积广达 2728 平方公里，居台湾地区河川的第三位。实质上，汇集了大汉溪、新店溪、基隆河三大支流之水，不舍昼夜地流着；精神上，更背负着北台湾的历史传承、经济发展、文化感情，从亘古的过去，流向不可预知的未来。

整个淡水河流域，除了五六月间的梅雨和夏秋间的台风雨之外，大汉溪接受较多的夏季西南季风雨水，基隆河和新店溪则接受较多的冬季东北季风雨水。整个流域的年平均面积雨量为 2939 毫米，约为全世界陆地平

< 高屏溪

我爱台湾

均降雨量的三倍。豪雨时洪患特别多，沿淡水河及其支流两岸兴建堤防，以及二重疏洪道的辟建等台北地区防洪计划，都是台北都会区藉以维持正常营运的必要水利工程。

大甲溪。源出中央山脉南湖大山南麓及毕禄山西侧。全长140公里，流域面积1236平方公里。河流大部分经过高峻山区，水流湍急，是台湾水力资源最丰富的河流。上、中游建有德基、谷关及天轮水库，均用于发电；下游建有石冈水库，供灌溉、饮水用途，是台湾中部重要的河川。大甲溪上源游七家湾溪、南湖溪，特产一种鲑鳟科鱼类，曾被称"撒拉矛鳟"，可能为北太平洋南移的冰期残留生物，已成为现今世界上此种鱼类最南的分布区。在大甲溪沿线有谷关温泉、德基水库、佳阳、梨山、环山等重要游览区。

曾文溪。曾文溪发源自台湾岛阿里山山脉，向西流经嘉义县、台南县、台南市而由七股乡出海。河流长度138公里，流域面积1212平方公里，源头海拔2440米，为台湾第四大河，也是台南地区最大的河流。曾文溪

大甲溪 >

<二溪景观大桥

水力资源丰富，上游有台湾最大的水库曾文水库，支流上有南化水库及乌山头水库等。河口地区孕育了丰富的底栖生物与浮游生物，也吸引了大批水鸟在此处栖息。珍贵鸟类黑面琵鹭即栖息在曾文溪河口北岸，因此设有黑面琵鹭生态保护区。上游为嘉义县山区少数未遭人为破坏的溪流之一，原始林相完整，野生动物不少，如绿蓑鹭、食蟹蒙等。

大肚溪。又名乌溪，发源自台湾岛中央山脉合欢山东麓。流经南投县、彰化县、台中县后，在台中县龙井乡和彰化县伸港乡之间流入台湾海峡。大肚溪有北港溪、南港溪二源，全长116公里，流域面积3062平方公里。大肚溪河口湿地为广大的潮间带属泥质滩地，由大肚溪中、下游冲刷而下的有机物质，使此地具有丰富的潮间带生物相，故吸引大批的水鸟聚集于此，种类、数量和密度皆为台湾岛之冠。在南投县国姓乡北港村往惠荪林场方向，过乌溪上游的北港溪，有一座桥名为糯米桥，先民利用糯米、黑糖、石灰，代替水泥作为固定石块的材料，因而得名。2004年糯米桥被公告定为三级古迹，是第一座被定为古迹的桥梁。

我爱台湾

二、湖泊

台湾湖泊相对较少，并多进行了人工改造，成为人工湖，即水库，兼有蓄水、防洪、灌溉、发电、公共用水与观光旅游等多种功能。台湾的湖泊和水库的分布，受水系影响明显，也呈西多东少的特点。台湾较大的湖泊和水库约90个，分布在东部的只有花莲县境内的鲤鱼潭、光复湖，台东县的大埤池，宜兰县的龙潭湖、梅花湖等9个，其余均分布在西部。

台湾最大的天然湖泊是日月潭。地处玉山山脉之北、能高瀑布之南，介于集集大山与水社大山之间。潭面辽阔，海拔约760米，面积约900余公顷。潭中有小岛名拉鲁岛，以此岛为界，潭面北半部形如日轮，南半部形似月钩，故名日月潭。潭水碧蓝无垠，青山葱翠倒映，环山抱水，形势天然。该潭除可泛舟游湖、赏心悦目外，其环湖胜景殊多，诸如涵碧楼、慈恩塔、玄奘寺、文武庙、德化社、山地文化村及孔雀园等。

日月潭 >

2009 年，日月潭入选世界纪录协会中国台湾最大的天然淡水湖。湖周 35 公里，水域 9 平方公里多，为全省最大的天然湖泊，也是全国少数著名的高山湖泊之一。其地环湖皆山，湖水澄碧，湖中有天然小岛浮现，圆若明珠，形成"青山拥碧水，明潭抱绿珠"的美丽景观。300 年来，日月潭就凭着"万山丛中，突现明潭"的奇景而成为宝岛诸胜之冠，驰名于五洲四海。

除日月潭外，全省天然湖湖面积超过 100 公顷的还有龙銮潭和鲤鱼潭。龙銮潭位于台湾岛最南端的恒春半岛平原上，面积约 137 公顷，蓄水量为342 万立方米，是当地最主要的水利灌溉水源。鲤鱼潭位于花莲县台东纵谷的寿丰乡池南村，因鲤鱼山而得名，面积 104 公顷，是台湾东部最大的湖泊，也是知名的风景区。

另外，在中央山脉和雪山山脉的山脊两侧还有 10 多个高山湖泊。其中面积最大的是七彩湖，又名七星湖，湖面海拔高 2900 米，面积约 2 公顷。海拔最高的高山湖泊是翠池，位于雪山主峰的西侧，是由冰川作用产生的冰河圈谷河，海拔高 3520 米，面积约 100 ～ 130 平方米。

< 七彩湖

我爱台湾

石门水库 >

　　台湾水库兴建较早，目前计有 40 个左右的水库，主要有曾文水库、石门水库、澄清湖、德基水库与青草湖等。台湾兴建最早的水库为台南县新化镇的虎头埤水库，也是一著名的风景区。目前台湾规模最大的水库是曾文水库，又称大禹潭，位于曾文溪上游，嘉义县大埔乡境内，蓄水量为7 亿多立方米，满水时水域面积为 1700 公顷，灌溉面积 7.6 万平方公里，是台南地区最主要的灌溉水源。

知识小百科

台湾最大的人工湖泊——曾文水库

　　曾文水库位于台湾嘉义县境内曾文溪之上游大埔溪上，为台湾最大的水库与湖泊，满水位面积 17.14 平方公里，其兴建之目的主要为提供嘉南地区灌溉用水，另具发电、防洪和观光的功能，是个多目标利用的水库。于 1967 年开始建造，1973 年完工。

曾文水库所在之曾文溪流域全长138.47公里，流域面积1176平方公里，为台湾第四大河川，其年平均流量为16亿立方米，坝址位置年平均流量10.64亿立方米，早期设计嘉南大圳之日本工程师八田与一，利用曾文溪支流兴建乌山头水库，并于大埔溪设置水坝，透过隧道取水至乌山头水库供应嘉南地区农田灌溉之用，但取水率仅为全部流量的百分之二十五，如直接在曾文溪主流大埔溪筑坝，并与乌山头水库串联运转，便可以增加灌溉量，1939年八田与一建议在现今大坝坝址建筑水坝，因战事作罢。台湾光复后，有鉴于灌溉水量逐渐不足，于1959年由台湾省水利局着手进行规划，最后择定柳藤潭为坝址，采用土石坝设计，1966年7月，成立曾文水库建设委员会暨工程局，并于10月31日动工，经6年施工，至1973年10月31正式完工。1974年曾文水库管理局成立，正式接管水库及工程设施并开始营运。

∧ 曾文水库

我爱台湾

第四节 气候特征

台湾岛南北狭长，四周流域广阔，北回归线恰好横穿岛的中部偏南地区，北部地区属亚热带气候，南部地区属热带气候，形成了同一时空内热、温、寒三带兼有的气候特点。海洋性气候明显，整体上呈现高温、多雨、多风的气候特点。

一、气温日照

台湾平地全年平均气温为摄氏 23.6 度。全省平地夏长冬短，南部则长夏无冬。冬季受大陆冷气团影响，东北季风盛行，但受到北上的太洋洋北赤道暖流制约。夏季受太平洋副热带高气压影响，西南季风盛行，来自太平洋的东南季风受到中央山脉阻挡。

台湾山地气温的垂直变化远大于南北气温的变化，气温随山势的增高而降低。北部地区山地是每升高海拔 100 米，气温约降低摄氏 0.6 度；中南部地区是每升高海拔 100 米，气温约降低摄氏 0.5 度。在海拔 3000 米以上的高峰，冬季可见积雪。玉山山顶的年平均气温仅摄氏 3.8 度。

台湾日照充足，平地高温和充足的日照，为各种农作物的生长提供了有利条件。山地气候的垂直变化，植被分布呈多样性的垂直变化，植物种类繁多。台湾年日照时数受降水分布和地形影响，高山少于平地。平地部分年平均日照时数为 2100 小时，中部山区平均小于 1000 小时。北部及东

<合欢山积雪

部少于中南部，北部和东部平均为 1500 至 700 小时，中部台中年平均为 2454 小时，南部以台南的 2619 小时为全省最多，北部以宜兰、基隆、苏澳 1200 至 1400 小时为最少。

二、降水湿度

台湾是我国雨量最丰沛的地区之一，年平均降水量多在 2000 毫米以上，折合水量达 900 亿立方米，是世界平均降水量的 3 倍。降水量的分布特征是：山地降水量较平地多；平地中，近山地的边缘地区又较远离山区为多；东部平地较西部平地多。

台湾的少雨区位于西部大甲溪以南、曾文水库以北，即嘉南平原的中西部。其中，彰化县的竹塘，32 年平均年降水量超过 1183 毫米，鹿港 13 年平均年降水量不超过 1258 毫米。

我爱台湾

台湾降水的季节分布与季风、地形密切相关，南部地区和北部地区有明显的差异，雨量的季节性变化有所不同。夏季西南季风盛行，但风力较弱，各地气温普遍升高，空气中水汽增多，对流作用强烈，雷雨天气多。又因多台风，给全省带来大量降水。冬季，东北季风盛行，大陆南下的冷气团经东海带来丰富的水汽进入台湾岛，北部和东北部地区形成雨季，降水量约占全年的60%。

台湾各地雨日与年降水量颇为一致，即降水量多，雨日也多。雨日分布的特点是：山地多于平地，东部多于西部，全岛自北向南递减，各月之间降水量的变化自北向南递增。台湾降水量虽充沛，但由于地区性和季节性分布的差异，各地仍有不同程度的旱期。降水虽是台湾水资源的主要来源，但异常降水又经常带来严重的水灾。

台湾相对湿度较高，变化小，年平均相对湿度大都在 78 ~ 85% 之间。夏季各月，除北部的淡水、基隆、台北等相对湿度在 80% 以下，其他地区相对湿度均在 80% 以上。冬季各月，则以台湾东部与南部地区的相对湿度较低，约为 75%，其他地区在 80% 以上。中部山区的相对湿度没有明显的季节变化，四季均在 80% 左右。

三、季风台风

台湾在气候上处于亚洲地区大陆气团与海洋气团进退消长的接触地带，全年多有季风，夏季多台风，对全岛气候影响甚大。台湾冬季受东北季风盛行，夏季西南季风盛行。在东北季风与西南季风、东南季风转换期间，大陆气团与海洋气流之间相互消长，气旋活跃，给台湾地区带来的风，称为"过渡旋风"。其风向多变，常形成旋风骤雨。在夏季西南风盛行时，台湾易发生龙卷风。

台湾是我国东南沿海遭受台风侵袭最多的地区之一。主要台风源有两个，一个是自太平洋经菲律宾群岛以东洋面向西北行进的台风，二是自南海中部北上偏向东北行进的台风。每年台风侵袭的时间最早始于4月下旬，最晚终于11月下旬，长达半年时间，尤其以7～9月最多。多发的台风常给台湾工农业生产和人民生活造成重大损失。

台湾高温、多雨、多风的气候特点，光热、风能等气候资源及水资源相对丰富，不仅为各类生物的繁衍和生长提供了必要的条件，也为经济发展，特别是农业生产提供了有利条件。

台湾的气候可分为七种类型，即东北部温暖湿润气候，西部温暖冬季寡雨气候，西南部热带冬季寡雨气候，东部热带雨林气候，东南部热带季风气候，中部中低海拔山地温暖湿润气候，中部高山区冬季寡雨寒冷气候。

台湾气象部门根据各地气候特点，将台湾岛划分为9个农业气候区，即东北区、西北区、中彰区、云嘉区、西南区、南部区、东岸区、东部山区与中部山区，以利发挥各地气候资源的优势，避免和减少气候上的不利因素对农业生产带来的不利影响。

知识小百科

台湾地名沿革

台湾自古以来就是我们中国的领土，其地名顺着华夏历史有着自然沿革：

夏禹：岛夷。《尚书·禹贡》扬州之项有："岛夷卉服。厥篚织贝，厥包橘柚，锡贡，沿于江海，达于淮泗。"台湾地处东南海上，所说岛夷的情形，与台湾当时的居民的情形相同，所以有的学者根据这一记载，认为台湾已与大陆有交流。

周朝：雕题。《山海经》之《海内南经》记载："伯虑国、离耳国、雕题国、北朐国、皆在郁水之南。"时人的解释是：离耳国似指海南岛，而雕题国民黥面纹身，类似台湾山胞，故雕题国是指台湾。

我爱台湾

秦朝：瀛洲。《史记·始皇本纪》记载："海中有三神山，名曰蓬莱、方丈、瀛洲，仙人居之云。"时人的解释是：三山依北而南排列，蓬莱为日本、方丈为琉球、瀛洲为台湾。

西汉：东鳀。汉朝的《汉书·地理志》记载："江南多湿，丈夫多夭，会稽海外有东鳀人，分为二十余国，以岁时来献见。"后来有一部分日本与中国的学者，推测东鳀非今日之琉球，而是指台湾。

三国：夷洲。《三国志·孙权传》记载："将军卫温遣诸葛直以甲士万人浮海求夷洲及亶洲，亶洲在海中，所在绝远，不得卒至。但得夷洲，数千人而返。"沈莹《临海水土志》记载："夷洲在临海东南"等。有不少学者把"夷洲"认为是今日的台湾，并以"临海水土志"为有关台湾的最古文献。

隋朝：流求国。《隋书·东夷列传》记载："流求国居海东，当建安郡东，水行五日而至"，"将军陈棱要求土著投降，被拒，遂掳其男女数千人，载军实而返。"《隋书》所称之流求，所述的风土习俗、方位和文化系统皆与三国夷洲颇多相似之处，所以学者之间多认为《隋书》所指之流求即为台湾。从隋朝到明朝，台湾一直被称为流求或琉求。到明洪武受封时，才将台湾改称为小琉球，而与当时的琉球国有所区别。

南宋：舍耶国。

元朝：留求。

明万历：东番、大员、小琉球。明朝陈第之《东番记》（明神宗万历三十年，公元1602年）记载："东番人不知所自始，居澎湖外海岛中，起魍港、加老湾，历大员、尧港、打狗屿、小淡水、双溪口、加哩林、沙巴里、大帮坑，皆居其也。"台湾称为"小番"、"东番"甚明，陈第之《东番记》是继三国吴沈莹之《临海水土志》夷洲、《隋书》之流求国、宋赵汝适之《诸蕃志》琉求国、元汪大渊之《岛夷志略》琉求等之后，有关台湾之最具体记录，文中所记大员一地，后来演绎为台湾全岛名称。

明永历：东都、东宁。明朝杨英之《从征实录》记载："永历十五年五月初二改赤崁地方为东都明京，设一府二县，以府为承天府，天兴县万年县……改台湾平安镇。"又明夏琳之《海纪辑要》记载："永历十八年三月，招讨大将军世子至东都，

碧海浮翠——台湾地理概况

以谘议参军陈永华理国政，改东都为东宁，置天兴、万年二州。"故明郑经略台湾，名曰"东都"、"东宁"。

清朝：台湾。清靖海将军施琅之《陈台湾弃留利害疏》（清圣祖康熙二十二年，公元1683年）记载："窃照台湾地方，北连吴会，南接粤峤，延数千里。山川峻峭，港道纡回，乃江、浙、闽、粤四省之左护。隔离澎湖一大洋，水道三更余遥。……台湾一地，原属化外，土番杂处，未入版图也。"所指"台湾"已为全岛之专称，翌年四月清廷诏设台湾府于今之台南市，隶属福建省，正式之"台湾"名称自此始。

∧ 空中看台湾

我爱台湾

第二章

山川钟灵——台湾自然资源

台湾是祖国最大的岛屿，犹如璀璨的明珠，镶嵌在万顷碧波之上。台湾虽然自产能源只有少量煤、天然气，金属矿产也较少，但森林资源、生物资源、渔业资源、水力资源等都较为丰富，有着宜人的气候、肥沃的土地，造就了台湾"山海秀结之区，丰衍膏腴之地"。

∧ 曾文水庫

第一节 植物资源

由于台湾地处热带海洋中，热量充足，雨水丰沛，所以万物竞相生长。这里有数不尽的四时花卉，仅兰花就有100多种，如驰名世界的蝴蝶兰便是兰屿的特产，被誉为"群芳之冠"。台湾的植物非常茂盛，种类繁多，终年常绿。台湾的每一个角落，无不泻翠滴绿，充满生机，它是我国植物种类最繁多、植物类型最复杂的地区之一。仅本岛的植物就有1180属、4000种以上。

台湾蝴蝶兰 >

山川钟灵——台湾自然资源

台湾植物的分布，南北差别不大，南部的热带植物在北回归线附近逐渐向亚热带植物过渡。东西方向却在不同的海拔高度分布着热带、亚热带、温带和寒带的植物。

以中央山脉为界，在台湾岛的西部，从沿海平原到海拔500米左右的代山丘陵，最常见的是全欢树、相思树、竹林和椰林。此外，桉树、槟榔、芭蕉、蒲葵、榕树、樟树等也广为分布。榕树有几十种之多，树冠宽大，树干粗壮，生长十分普遍，故有"榕树带"之称。常年葱绿，四季滴翠，各种攀缘植物缠绕滋生，繁盛的青藤、羊齿的地衣以及各种菌类丛生林下。

海拔100～1800米是低山地和中山下部，呈现一片亚热带常绿阔叶林带风光。主要树种有樟、楠、槠、榉和栎等，形成了亚热带常绿阔叶林带。林带面积在全岛约占31%。樟树主要分布在海拔1600米以下，形成"樟树带"。在海拔1600米以上，槠树逐渐增多，并且杂生着落叶阔叶树，由于槠树生长较集中，人称"槠树带"。

海拔1800～3000米是中等山地，水平宽度只有10～20公里，主要生长油杉、肖楠、红桧、峦大杉、台湾杉、黄桧和扁柏等，构成温带山地针叶林带的景观。

海拔3000米以上进入高山灌丛地区，主要生长一些寒带的矮小灌木林和草本植物。丛生在背风的山坡上或者星散在岩壁和砂砾间。代表植物有佛甲草、细叶薄雪草、高山金梅、玉山圆柏和玉山石楠等。

台湾岛地势高差悬殊，温差较大，生长着热带、亚热带、温带和寒带树种4000多种。林区中既有阔叶林、针叶阔叶混交林，也有针叶林。经济价值较大的树木有300多种，其中用作工业原料的最多。例如樟树、毕山松、马尾松、油洞、漆树、胭脂树、木篮、白檀、紫檀、红桧、相思树、冷杉、水柳、赤杨、扁柏等总计不下八九十种。

最有名、经济价值最高的要数樟树。其主要树种有本樟、芳樟、油樟，是提取樟脑和樟脑油的原料。在世界上其他任何地方也找不到像台湾那么多的樟树林和生产那么多的樟脑，因此，台湾岛又有"樟脑王国"的美称。

台湾森林 >

　　台湾岛的一些热带林木也是祖国大陆比较缺乏的，扁柏等珍贵林木更是其他地方所没有的。其中，油杉、肖楠、台湾杉、峦大杉和红桧被称为"台湾五木"，是世界著名的优质木材和珍贵树种，也是祖国的宝贵自然资源。

　　台湾岛的森林以阿里山最为著名。进入山间腹地，到处古树参天，遮天蔽日。丘陵地带，桉树、椰树、槟榔树高大挺拔，合欢树、相思树、榕树枝叶繁茂，香蕉树果实累累。樟树、肖楠、槠树、栎树等阔叶树四季常绿，

四百年樟树 >

山川钟灵——台湾自然资源

红桧、扁柏、铁杉、亚杉等针叶树粗大笔直。每当风起，千枝摆动，林涛震荡山谷，几十里外都可听到阵阵轰鸣。

　　台湾岛是祖国的森林宝库，台湾本岛森林面积约为186万公顷，占全岛土地总面积的52%，是我国森林覆盖面积比重最大的省，其中天然林占80%，总蓄积量为3亿多立方米，许多是经济林木和珍贵的树种，被誉为"亚洲天然植物园"。

　　台湾种植和栽培的作物种类在百种以上。粮食作物主要有水稻、小麦、玉米、高粱、甘薯、大豆等；经济作物包括甘蔗、茶叶、花生、芝麻、烟草、棉花、苏麻、剑麻、香茅草等。其中，稻米、甘蔗、茶叶并称为"台湾三宝"。蔬菜种类多样，四季生长，常年不断。水果种类繁多，四季不断，常见的水果有香蕉、凤梨（即大陆所称的菠萝）、柑桔、龙眼、木瓜、芒果、番石榴、莲雾、人参果、酪梨、仙桃等。

< 台湾凤梨

我爱台湾

第二节　矿产资源

　　台湾矿产资源与生物资源、水力资源相比，种类单一，储量不丰。目前发现的矿产资源约有110余种，具实际开发价值的不过20多种，其中部分有价值的矿藏经长期开采，储量大幅减少，有的已经枯竭，因此台湾省是中国矿产资源最少的省份之一。

　　台湾矿产资源可分为能源、金属和非金属三大类。能源矿产主要有煤炭、石油、天然气及地热等。其中煤的开发利用较早，目前已逐渐枯竭，储量仅约1亿吨。石油和天然气是台湾较重要的能源矿藏，目前已完成石油和天然气地质勘探面积超过500平方公里，到1999年探明石油储量为3

台湾的温泉 >

山川钟灵——台湾自然资源

亿多升，天然气储量约107亿立方米，主要分布在中央山脉西部及台湾海峡。地热资源相对丰富，已发现的温泉多达90余处，其中较具经济开发价值的十多处，主要分布在北部大屯山火山群地区。

台湾金属矿藏种类相对较多，但储量不多。已探明较有开发价值的金属矿藏主要有金、银、铜、铁等，另外还有锰、钛、锆、独居石、汞、镍与铬等矿藏。金矿是台湾最重要的金属矿藏，目前探明的储量约580万吨，多为金与银或铜的共生矿。铜矿储量也较丰，约为470万吨。铁矿较贫乏，总储量约200万吨。其他金属矿藏储量更少，所需金属矿产主要靠大量进口。

台湾非金属矿产资源种类较多，储量丰富。经济价值较高与储量较多者主要有大理石、石灰石、白云石、砂石、长石、蛇纹石、滑石、石棉、云母与硫磺等。其中，大理石是台湾诸量最丰富的非金属矿藏，储量近3000亿吨。

∧ 北部火山地带，金属矿藏丰富

我爱台湾

台湾猫眼石 >

　　另外，台湾尚有海盐和宝石等矿藏。台湾海盐晒制始于郑成功收复台湾以后，大陆移民将晒制海盐的方法传至台湾，相继建立了北门、布袋、七股等盐场，晒盐业得到发展。台湾宝石矿主要是指软玉，分布于花莲县寿丰乡的丰田与西林地区，品种主要有蓝石、猫眼石、翠玉等，统称为"台湾玉"，其色泽精美，为世界名玉之一。

第三节　生物资源

　　台湾温暖湿润的气候、丰富的植物群系，为动物的繁衍和生长提供了良好条件。1998年最新公布的研究成果显示，台湾动物种数合计

∧野生的台湾梅花鹿已经濒临绝迹

25151 种，特有种 11195 种，原生种保育类 174 种。主要野生动物有台湾黑熊、云豹、台湾长鬃山羊、猕猴、梅花鹿、山麂、穿山甲、飞鼠、蛇晰、山椒鱼、水鹿等。饲养的家畜家禽主要有猪、牛、羊、鸡、鸭、鹅、火鸡等。栖息的鸟类有酒红朱雀、栗背林鸲、媒山雀、红头山雀、兰鹇与黑长尾雉等。

海洋渔类资源，据统计，台湾海域共有鱼类 191 科，597 属，1276 种，还有虾、蟹以及各种藻类、贝类、珊瑚等，因而被称为天然的"海洋生物牧场"。台湾有经济价值的捕捞鱼类有 20 多种，占重要地位的有鲔鱼（金枪鱼）、鲻鱼、鲣鱼、黄花鱼、白带鱼、旗鱼、鲷鱼等。海藻类主要有石

<台湾红珊瑚 >

花菜、海苔、鸡冠菜与海人草等，其中以石花菜最为重要。台湾珊瑚非常知名，产量曾占世界市场的 80% 左右，而被称为"珊瑚王国"。

第四节 水力资源

  台湾气候冬季温暖，夏季炎热，雨量充沛，夏秋多台风暴雨。北回归线穿过台湾岛中部，北部为亚热带气候，南部属热带气候，年降水量多在2000毫米以上。充沛的雨量给岛上的河流发育创造了良好的条件，独流入海的大小河川达 608 条，且水势湍急，多瀑布，水力资源极为丰富。其中长度超过 100 公里以上的河流有浊水溪、高屏溪、淡水河、大甲溪、曾文溪等。

台湾河川众多，加上受地形影响，大多数河流河床多阶地，流经许多峡谷，形成河流落差大，水势湍急，因此蕴藏的水力资源丰富。据统计，全岛河川水力蕴藏最高达530万千瓦，是中国水力资源最丰富的地区之一。

　　有水力蕴藏的河流共有25条，其中大甲溪水力资源蕴藏量约为148万千瓦，居台湾各河流之首。其次是浊水溪，水力蕴藏量约136万千瓦。这两大河流的水力蕴藏量占了全岛的一半左右。其他超过10万千瓦的河流主要有淡水河、秀姑峦溪、高屏溪、立雾溪、花莲溪、乌溪、和平溪、曾文溪等。

　　台湾的河流可以开发的水力资源并不很多，以淡水河等重要的30条河流而言，可开发的水力资源蕴藏量为504.83万千瓦。台湾在主要河流上建起了水力发电站，如在大甲溪先后建成德基、青山、谷关与天轮等多个水力发电站。

　　台湾水力资源分布，受河流水系分布的影响，蕴藏量呈现西多东少的状况，西部水系的水力资源约占全岛总蕴西藏量的73.2%，东部水系占26.8%。高屏溪流域的蕴藏量最为丰富，为335.55万千瓦。

＜德基水电站

我爱台湾

台湾的别称

"美丽宝岛"：台湾是祖国最大的岛屿，犹如璀璨的明珠，镶嵌在万顷碧波之上。气候温润，植被茂密，四季如春，鲜花不断，"山川之美，古来共谈"，故有"美丽宝岛"之称，被誉为"四季如春的花园"。

"蝴蝶王国"：台湾是世界著名的蝴蝶生长、繁殖基地。年产蝴蝶4000多万只；种类多达400余种，不少是世界上最美、最珍贵的品种。

"珊瑚王国"：台湾珊瑚有300余种，占世界珊瑚各类的1／3，年产量占世界总产量的80%；95%以上供出口，是世界有名的珊瑚出口基地。

"兰花之岛"：兰花是台湾省珍贵的资源，在国际花卉市场上享有盛誉，品种有2000多种。驰名中外的蝴蝶兰，珍稀名贵，香气四溢，花朵似展翅欲飞的彩蝶，曾在第三届国际花展上获得冠军。

"温泉之岛"：全岛处处有温泉，总数达100多个，全岛不少地方泉水淙淙，是名副其实的"温泉之岛"。

"樟脑王国"：台湾樟树驰名中外，在海拔500至1500米的山地普遍生长，形成世界最大的樟树带，樟脑年产量占世界总产量70%以上。

"天然渔场"：台湾四面临海，鱼类不下500种，经济价值较高的也在100种以上。其中，以鲔鱼（金枪鱼）最多，虾次之。东北沿海特产大鲨鱼，一尾达万斤。海产丰富。

"东方甜岛"：甘蔗是全岛最重要的经济作物。年产蔗糖最高曾达141万吨，占世界糖蔗5%。

"水果王国"：台湾是世界著名的"水果之乡"。水果品种繁多，共计80多种，其中香蕉、菠萝、柑桔3种产量最多，驰名中外。

"鸟类之乡"：台湾鸟类有400余种，占我国鸟类种数的35%以上，其中特有鸟类约10多种，著名的有帝雉、兰鹇、黄鹂、鸳鸯、天鹅、白额雁、黑长尾雉、台

山川钟灵——台湾自然资源

湾兰鹊等。

　　"海上粮仓"：水稻是全省最普遍、最重要的粮食作物，种植面积近1200万亩，产值占农业总产值的44%，基本可够居民食用。

　　"东方盐库"：台湾西部沿海地势平坦，沙滩广布，晴天多，气温高，风速大，蒸发旺盛，极利于晒盐。盐场面积在4000多公顷，年产量可在50万吨。

　　"植物王国"：台湾植物种类繁多，高达4000余种，相当于欧洲木本植物种类的2／3。在各类树种中，经济价值较高的就有300多种。森林覆盖率57.8%。

　　"动物宝库"：森林是野生动物的"天然乐园"。台湾森林茂密，自然动物繁多。珍稀动物有云豹、月熊、石虎、猕猴、水鹿、黄猴貂、天鹅绒尖鼠等。

　　"茶叶之乡"：全省茶叶种植普遍，一年四季可采，全年可采20次以上。茶叶品种繁多，以红茶、乌龙茶、包种茶产量最丰。年产茶叶2600至2800吨，大部分供出口。茶叶是台湾外销特产中的"不倒翁"。

第三章

沧海桑田——台湾人文撮要

　　台湾是中国神圣领土不可分割的一部分。台湾同中国大陆的渊源深厚而久远。历史上，台湾曾被西班牙、荷兰、日本先后占领过。抗日战争胜利后，台湾重归中国的版图。1949 年后，由于众所周知的原因，台湾与祖国大陆处于分离的状态。五十多年来，台湾的政治、经济、文化、社会等发生了巨大变化。

∧ 云门舞集《水月》

第一节 历史变迁

一、沧桑变迁

台湾历史经历了沧桑变迁。远古时代，台湾与大陆相连，后来因地壳运动，相连接的部分沉入海中，形成海峡，出现台湾岛。

1968年，由台湾大学人类学系系宋文熏教授和地质学系林朝棨教授率领的考古队在台东县长滨乡的八仙洞，发现了台湾第一个旧石器时代文化，随后由著名的考古学家李济博士以长滨乡之地名将此旧石器代文化命名为"长滨文化"。八仙洞包括大大小小十多个洞穴，其中的乾元洞、海雷洞、潮音洞出土了石器和骨器。石器有刮削器、尖状器和砍斫器。骨器

八仙洞长滨文化遗址 >

沧海桑田——台湾人文撷要

有长尖器、骨针、骨锥、骨铲等。据研究，长滨文化的居民以洞穴为家，过狩猎、捕捞和采集生活。其石器在类型及制作技术上，与中国南方许多旧石器时代遗址的没有多大差别。尤其是砾石砍斫器，与湖北大冶石龙头旧石器地点（见华中地区人类化石和旧石器文化）、广西百色旧石器地点出土的更为接近。长滨文化的发现，不仅扩大了中国旧石器时代晚期文化的分布范围，同时使台湾与大陆原始文化的源流关系，至少可追溯到1.5万年前的旧石器时代。

据古文献记载，中国大陆军民东渡台湾，垦拓、经营台湾岛，最早可追溯到1700多年前的三国时代。公元230年。当时三国吴王孙权派1万官兵到达"夷洲"（台湾），吴人沈莹所著《临海水土志》留下了世界上对台湾最早的记述。

到了6世纪末、7世纪初的隋代，隋炀帝曾3次派人到台湾，"访察异俗"，"慰抚"当地居民。此后由唐到宋的600年间，大陆沿海人民，特别是福建泉州、漳州一带居民，为了躲避战乱兵祸，纷纷流入澎湖或迁至台湾，从事垦拓。至南宋时，澎湖划归福建泉州晋江县管辖，并派有军民屯戍。大陆和台湾之间在经济、政治、文化等方面的联系日渐频繁。

∧钓鱼岛自古以来就是中国的领土

我爱台湾

元代进一步加强了对台湾的管理。公元1292年，元世祖忽必烈派海船副万户杨祥、礼部员外郎吴志斗和珍部员外郎阮监到台湾"宣抚"。公元1335年，元朝正式在澎湖设"巡检司"，管辖澎湖、台湾民政，隶属福建泉州同安县（今厦门）。中国在台湾设立专门政权机构，也自此开始。

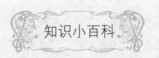

知识小百科

台湾十三行遗址

十三行遗址位于台北八里乡，淡水河口左岸。1955年秋天，一位飞行员驾机飞过台北县观音山的时候，发觉附近有异常的磁力现象，推论该区有铁矿床存在，1957年，林朝棨教授断定该地的"铁矿露头"残渣，其实是史前人类所遗留的炼铁遗迹。又找到散布在土壤中一大堆史前人类所吃的螺贝，到处弃置的贝冢"垃圾堆"。附近的"土角屋"墙壁上，因为当年挖土造墙，顺便也把混在泥土中的古代陶器碎片，一齐黏上去，这些陶片表面上刻有凯达格兰族特有的几何压纹，因此这一片史前遗址，就被命名为十三行遗址。考古学家先后两次进行发掘，发现陶器、石器、金属器、玻璃制品、骨制品、生态遗留、墓葬、建筑遗留等文化资料，可见遗址所保存之史前文化遗存相当丰富。

十三行出土的陶罐 >

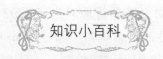

知识小百科

普罗民遮城

　　1624年，原占领澎湖的荷兰人放弃其在澎湖的经营，转而占领台南。首先兴筑商馆并拓展其规模成为西式水岸堡垒，即为台江西岸的一鲲鯓沙洲上的热兰遮城（今安平古堡），稍后又在城堡东方，分别兴建了"台湾街"（于今延平街一带）与"普罗民遮街"（今民权路）。前者因为历史久远，又曾是一条繁盛的商业街，故素有"台湾第一街"之称。至于后者，则是台湾第一条有计划兴建的欧式街道。

　　1652年，发生了汉人起义抗荷的郭怀一事件，荷兰人为巩固其殖民统治，又在普罗民遮街北方建造了普罗民遮城。当时台江潮水可直达城下，闽人称水涯高处为"墈"，讹做"崁"，加上城楼砖瓦皆赤色，在阳光映照下一片火红，因此又称"赤崁楼"。又因它是长满红色头发的荷兰人修建并驻防，所以汉人又称该城为红毛楼。普罗民遮城是用糖水、糯米汁，搅拌蚝壳灰，叠砖建造而成。周围约一百四十一米，楼高十米半，南北角有瞭望台，还有古井与地窖两所，储存粮食预留水源，作为战时的准备。

∧普罗民遮城旧址

明朝以后，大陆与台湾的人民往来不绝。公元1402—1424年，航海家"三宝太监"郑和率领庞大的舰队访问南洋各国，曾在台湾停留，给当地居民带去工艺品和农产品。至今民间传说高雄凤山的特产"三宝姜"，就是郑和遗留下来的。15世纪以后，倭寇不断骚扰中国东南沿海地区，明朝政府在澎湖增设"游击"，"春秋汛守"，同时在基隆、淡水二港驻屯军队。

17世纪初，荷兰殖民者乘明末农民起义和东北满族势力日益强大、明政府处境艰难之时，侵入台湾。不久，西班牙人侵占了台湾北部和东部的一些地区，后于1642年被荷兰人赶走，台湾沦为荷兰的殖民地。1652年9月，农民领袖郭怀一领导了一次较大规模的武装起义。

到17世纪20年代的明朝末叶，大陆居民开始大规模移居台湾。公元1628年，时值福建大旱，福建人颜思齐、郑芝龙为抗拒官府欺压，率领闽粤居民迁居台湾，一面从事农耕、贸易，一面组织武装力量抗御倭寇和荷兰人的侵扰。

1661年4月，郑成功以南明王朝招讨大将军的名义，率2.5万将士及数百艘战舰，由金门进军台湾。1662年2月，郑成功迫使荷兰总督揆一签字投降。郑成功收复台湾后仅4个月即病逝。

台湾地区的郑成功塑像 >

1683 年 7 月 8 日，清政府派福建水师提督施琅率水陆官兵 2 万余人、战船 200 余艘，从铜山向澎湖、台湾进发，郑军溃败。郑成功之孙郑克塽率众归顺清政府。1684 年，清政府设置分巡台厦兵备道及台湾府，隶属于福建省。至 1811 年，台湾人口已达 190 万，其中多数是来自福建、广东的移民。

1874 年 1 月、日军入侵台湾。10 月，中日签订《北京专条》，《北京专条》仍表明中国对整个台湾行使主权。此后，清朝官员提出台湾设省的建议。

1884—1885 年中法战争期间，法军进攻台湾。遭刘铭传率军重创。到 1885 年 6 月《中法新约》签定，法军被迫撤出台湾。1885 年清政府将台湾划为单一行省，台湾成为中国第 20 个行省，首任台湾省巡抚为刘铭传。

1894 年日本发动甲午战争，翌年清政府战败，于 4 月 17 日被迫签订丧权辱国的《马关条约》，把台湾割让给日本。

1945 年 8 月，日本在第二次世界大战中战败，8 月 15 日宣布无条件投降。10 月 25 日，同盟国中国战区台湾省受降仪式于台北举行。至此，台湾、澎湖重归中国主权管辖之下。

1949 年 10 月 1 日，新中国宣告诞生。在祖国大陆解放的前夕，蒋介石以及国民党的部分军政人员跑到台湾，他们依靠美国的庇护与支持，在台湾维持偏安局面，使台湾与祖国大陆再度处于分裂状态之中。

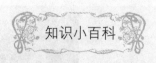

知识小百科

丘逢甲与抗日护台义军

丘逢甲（1864 年—1912 年），出生于台湾苗栗县。26 岁中进士，授工部主事，因不愿做官离职返台，开始教学生涯。

我爱台湾

1895年，在甲午战争中战败的清政府与日本签订丧权辱国的《马关条约》，把台湾和澎湖列岛等割让给日本。消息传出，全岛一片恐慌。丘逢甲愤然召集台湾乡绅咬指血书，联合电奏清政府抗争，表明"万民誓不服倭"，先后上疏四次、血书五次以示愤慨和决心，要求废约抗战、保卫国土。但清廷回电"台抗京危"，并急召守军早日撤回，派员专程南下交割台湾。

　　悲愤至极的丘逢甲倾尽家资，组织和率领数万人的抗日护台义军，横刀跃马与日寇浴血奋战，并向国内外发表讨日檄文，宣言："愿人人战死而失台，决不愿拱手而让台。"尽显誓死不做亡国奴的崇高爱国情操和英雄气节。英勇的台湾人民经过艰苦卓绝的激烈战斗，打了大小一百多仗，日军死伤三万两千多人，其中侵台日军头目近卫师团长、陆军中将北向川能久亲王和第二旅团长、陆军少将山根信诚等在战争中毙命。由于敌我力量对比悬殊，孤立无援，抗日军民弹尽粮绝、死伤严重，气壮山河的保台抗争终告失败。经部将劝说，丘逢甲不得不挥泪内渡，回到祖籍广东镇平县文福淡定村。

　　丘逢甲回大陆后一直念念不忘故土台湾，谋求祖国统一。他临终弥留之际，嘱咐家人："葬须南向，吾不忘台湾也！"情真意切，悲壮感人。

丘逢甲像 >

二、行政区划

台湾目前的行政区域分成四级制，分别为：

1. 基本资格是人口必须达100万，目前只有台北、高雄两市。

2. 人口达20万或是具有重要政治、文化、经济地位，目前有基隆、新竹、台中、嘉义、台南5市；台北、桃园、新竹、苗栗、台中、南投、彰化、云林、嘉义、台南、高雄、屏东、宜兰、花莲、台东15个县；以及金门、连江两县和位于台湾海峡中间的澎湖县这3座称为"离岛"的行政区。

<台湾省地图

我爱台湾

3. 人口在 15 万到 50 万之间，工商发达、税收充裕、交通与公共设施齐全者，有：隶属台北县的板桥、三重、中和、永和、新店、汐止、土城、芦洲、树林 9 市；所属台中县的丰原、太平、大里 3 市；嘉义县的太保与朴子两市；台南县的新营与永康两市；此外还有竹北、苗栗、彰化、南投、斗六、凤山、屏东、宜兰、花莲、台东，以及澎湖县的马公市等。

4. 乡镇是第四级行政区域，居民以农、林、渔、牧等一级产业为主、人口在 5 万以下者称为"乡"；5 万以上 15 万以下，其聚落已略具城市商业形态者称为"镇"。目前台湾共有 61 镇、226 乡。

第二节　教育科技

一、教育概况

台湾是中国神圣领土的一部分，台湾的教育事业也是中国教育事业的一个重要组成部分。台湾现行的教育制度分为正规教育和技术职业教育两大体系。其中正规教育分为"国民教育"、高级中等教育和高等教育三个阶段，技术职业教育包括中等技术职业教育和高等技术职业教育两个阶段。台湾现行学制与大陆基本一样，实行"六三三四"制。1968 年台湾实施九年"国民"义务教育，并通过提高税收来增加教育经费，这被称为"台湾 20 世纪最重要的教育改革"。1970 年代末，台湾开始实施初中第十年技艺教育，这是以职业教育为主的"国民"义务教育。1980 年代，台湾提出

∧ 台湾小学校园

不完全的十二年"国民"义务教育，提供充分就学机会。1990 年代初期，台湾修改"国民教育法"，正式实施十年"国民"义务教育。

所谓的"国民教育"，就是由台湾当局财政拨款，对 6 ～ 14 岁儿童实施的九年义务教育。其中包括小学 6 年、中学 3 年。适龄儿童必须入学，凡不送子女入学的家庭，将受到罚款和处罚。

高级中等教育学生的在学年龄以 15 ～ 17 岁为范围，分为高级中学（简称高中）3 年和高级职业学校 3 年两种。高等教育分为专科学校、独立学院、大学以及院校研究所。正规高等院校的学制一般为 4 年，但师范院校、法律、建筑专业等多为 5 年，医学专业为 6 至 7 年。硕士学位研究所修业 2 ～ 3 年，博士学位研究所修业 3 ～ 4 年。台湾除了正规教育和技职教育之外，还有多种形式的业余教育，如夜校、函授以及补习教育等。

到 2012 年，台湾的大专院校已达 162 所。2008 年名列世界前 1000 的大学有 20 所；学生人数由 5000 多人，增加到 131 万 3 千多人，2006 年以考试方式入学的录取率为 90.93％，若加上其他升学方式，大学录取率超过 100％。

知识小百科

台湾大学

台湾大学，是一所创立于台湾地区的全科性公立综合大学，亦为全台湾规模最大的研究型大学。台湾大学旧称台北帝国大学，成立于1928年，台大前身为成立于日据时期（1928年）的台北帝国大学，是日本九所帝国大学之一。台湾光复后，台北帝大于1945年改制为台湾大学；1949年国民党政府迁台后，取代了当时尚未在台复校的"中央大学"，成为"教育主管部门"资注最多社会资源的大学；现辖有台北市境内的四大校区以及溪头实验林，全校占地约达台湾省陆地的百分之一。

2008年台大被英国《泰晤士高等教育》评为全世界前200名的大学，位列第124名。2012年英国高等教育调查公司QS公布2012世界最佳大学排行榜，台湾大学排名第80，是台湾地区唯一晋身前一百名的大学。2013年4月10日英国《泰晤士报》高等教育专刊公布了2013年亚洲前100名最佳大学排行榜，台湾有17所大学入围百强，其中，台湾大学亚洲排名第14，是岛内排名最高的大学。

∧台湾大学

沧海桑田——台湾人文撷要

2012年，英国Quacquarelli Symonds公布"全球最佳学生城市"调查结果，台北市排名全球第34位，报道指出：作为台湾的首府，台北同时也是培养高级人才的重要摇篮，有台湾大学、阳明大学、政治大学、台北医学大学、台湾师范大学、台湾科技大学、辅仁大学等国际高排名大学，学费与生活费负担得起，是台北在这次调查获得不错排名的另一个要因。

二、科技发展

半个世纪以来，台湾的科技事业有了一定的发展，但总体水平不高，发展也不均衡。台湾科技发展大致可以分为三个阶段。

第一个阶段奠基期（1959–1968年）。这一时期，科技研究发展方向以基础科学为主，兼顾应用科学，同时通过各种补助措施加紧培养研究人才。

第二个阶段，初步发展期（1969–1980年）。这一时期，台湾科技发展的重点是在扩大基础研究。在改进科学教育的同时，加强应用科学的研究与开发，推动工业、农业、交通、医药等部门的专案计划，促进官营、民营企业对科技的投入。

第三个阶段：全面推动科技发展期（1981年至今）。这一时期，台湾官方和民间都加大了对科技的投入，重点发展"光电、软体、工业自动化、材料应用、高级感测、生物技术、资源开发和能源节约"等"八项关键性技术"，以及"通讯、资讯、半导体、消费性电器、精密器械与自动化、航太、高级材料、特用化学品与制药、医疗保健、污染防治"等"十大新兴工业"，目标是将台湾建成一个"科技岛"。科技发展相对比较迅速。

台湾科技发展由官方主导。台"行政主管部门"设有"科技顾问组"作为其咨询机构。"行政主管部门"下面设立"科学委员会"，负责研拟整体科技发展政策、方案并加以推动；改善科技研究环境，培养、招揽和

奖励科技人才；协调、审议、管制、考核其他各部、会、署的重要科技发展计划。各部、会、署的科技顾问室，负责科技的推动与发展工作。

科技经费投入方面，官方和民间投入各占一半左右。研究机构大致分为三类，官方的研究院"是最高学术研究机构，主要负责基础研究；"中山科学研究院"隶属"国防主管部门"，是台湾最高的军事科研机构，研究力量比较雄厚。财团法人性质的研究机构、加工业技术研究院主要从事应用技术的研究，其资金来源主要靠捐助。民间大企业和财团设立的私营研究机构，主要负责新产品的开发和推广，经费由私人提供。

台湾科技对台湾发展作出了较大贡献。目前，台高技术密集型产品出口值占总出口的40％以上。1999年，数据机、笔记本电脑及CDR光碟片，三项产量均跃居世界第二，成为世界上重要的生产加工基地，半导体集成电路生产技术已接近和达到世界先进水平。但台湾科技发展水平参差不齐，科技发展的总体水平不高，关键技术、关键零部件还得依赖美国和日本。

∧世博会台湾展馆，科技衬托台湾多元之美

第三节 文化艺术

台湾文化由于台湾地理位置的特殊性，多种族群组成以及不同时代背景而有多面向的呈现，是混合儒家汉族、日本、欧美等文化及本地和台湾少数民族形成的文化，具有传统与现代的面相。台湾文化是中华文化的重要组成部分，无论从根源、内涵，还是表现形式，都有中华文化基本特征。

一、台湾文学

台湾省的文学在中国现代文学中是重要的，有自己特点的支流。台湾文学从殖民地文化脱胎而来，经历了从幼稚到比较成熟的过程。

1. 台湾传统汉文学

最初在台湾留下古典汉文作品的是随郑成功军队来台的沈光文，他有"海东文献初祖"的美称，他同时创立了台湾第一个汉诗诗社东吟诗社。

清初郁永河的《裨海纪游》、黄叔璥《台海使槎录》则为著名的宦游散文。清代本土文人诸罗的王克捷，澎湖的蔡廷兰，彰化的陈肇兴，淡水的黄敬、曹敬，新竹的郑用锡、林占梅甚有盛名。宦游人士刘家谋的《海音诗》、《观海集》颇能反应社会实况。唐景嵩任职于台南及台北时，带动地方文风，有功于诗歌传播。

日治时期连雅堂的《台湾诗荟》月刊保存古典文献有其劳绩。台湾中部的栎社、南部的南社、北部的瀛社是日治时期台湾370多个诗社中最有

我爱台湾

60

台湾文学馆 >

代表性的诗社。而赖和、周定山、陈虚谷等是新旧文学兼擅的文人。《诗报》则是日治时期发行最悠久的文学刊物。林献堂的《环球游记》最为脍炙人口，其《灌园日记》为台湾历史上最重要的私人文献之一。台湾传统文学的诗社源远流长，活动甚为热络，日治时期即有三百七十多个诗社。

2. 日治时期新文学

文学是时代的反映，在历史的变化过程中，文学的变化亦有其复杂的过程，台湾文学自是无可避免的与其本身历史息息相关。年轻的台湾文学，脱离中国大陆、真正成为独立个体发展，一般来说是从日治时期的台湾新文学肇始。

白话文运动：1919年，在东京的台湾留学生成立"新民会"，创办《台湾青年》杂志，展开了各项政治运动、社会运动的序幕。《南音》、《台湾文艺》、《台湾新文学》等文学刊物相继发行。这些摆脱古诗的近代文学，为台湾白话文运动的肇始者。

沧海桑田——台湾人文撷要

文学论战：1930年代初期，影响台湾文学、语言、族群意识的台湾乡土话文论战正式展开。1930年，台籍的日本居民黄石辉于东京挑起了"乡土文学论争"，力倡台湾文学应该是描写台湾事物的文学、可以感动激发广大群众的文学、以及用台湾话描写事物的文学。1931年，台北的郭秋生站出来呼应，并获得台湾新文学之父赖和的全力支持。论争在总督府全面皇民化政策下，纷纷败退。

　　日语文学：日本时代后期，大约是1930年代到终战为止是台湾的日语文学鼎盛的时代，作品数量多，类型也相当多样化，包含小说、散文、和歌、俳句等。这个时代除了日本内地人作家以外，也有以日语创作的台湾本土作家，台湾本土作家则有杨逵、吕赫若、张文环、龙瑛宗、翁闹、王白渊等，被称为日语时代作家或日文时代作家。

　　3. 始于1960年代的现代主义文学

　　1960年代—1980年代，现代主义文学脱颖而出。这些包含意识流小说、现代诗、荒谬文学，除了对八股化的反共文学表示不满外，也对残存于传统文化中的怀旧抱着反抗改革的意识与反省。产生了白先勇、王文兴、欧阳子、七等生的新变种之现代主义文学。专注于内心世界探索，对台湾文学影响甚巨。

<作家白先勇

我爱台湾

1970年，国内的民族主义高涨，许多知识分子开始意识到在长久以来的美援文化以及反共神话之下，自己竟然甚少关心脚下的这块土地，出现了回归乡土的呼声，认为作家应该去具体书写这块土地，关心这块土地上的民众。"乡土文学"成了1970年代的一个显著类型。

　　而国内的统独之争也在此时略略浮上台面，"台湾意识"的叶石涛与"中国意识"的陈映真开始对于所谓的"乡土"是台湾还是中国展开论战，成了所谓1970年代乡土文学论战的主线。而另外，代表官方立场的余光中、彭歌与上述两位现实主义作家的论争是另一条主线。1979年美丽岛事件后，肃杀气氛使乡土文学论战渐次沉寂，不了了之。

　　通俗文学：以郭良蕙、华严、琼瑶等的爱情小说等为代表。征信新闻报的《人间》副刊连载郭良蕙的《心锁》。《联合副刊》、《皇冠》杂志主编平鑫涛网罗琼瑶等作家长期提供大众此类作品。

《林海音传》封面 >

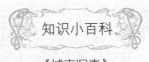
《城南旧事》

　　《城南旧事》是著名女作家林海音于1960年出版的以其七岁到十三岁的生活为背景的一部自传体长篇小说，也可视作她的代表作。它描写二十世纪二十年代，北京城南一座四合院里，住着英子温暖和乐的一家。它透过主角英子童稚的双眼，向世人展现了大人世界的悲欢离合，有一种说不出来的天真，却道尽人世复杂的情感。

　　《城南旧事》曾被评选为亚洲周刊"二十世纪中文小说一百强"。二十世纪八十年代还被搬上银幕，还获得了"中国电影金鸡奖"等多项大奖，感动了一代人。它满含着怀旧的基调，将其自身包含的多层次的情绪色彩，以一种自然的、不着痕迹的手段精细地表现出来。书中的一切都是那样有条不紊，缓缓的流水、缓缓的驼队、缓缓而过的人群、缓缓而逝的岁月……景、物、人、事、情完美结合，似一首淡雅而含蓄的诗。

　　怀乡与三三文学：由中国大陆故乡记忆组成的怀乡文学，其主力也是由国民政府所支持的外省族群作家。假其母语优势，容易被台湾人所接受。如林海音的《城南旧事》中对封建的批判与人性的描绘，也多少影响台湾社会价值观。而台湾之怀乡文学，在广义上通常更涵盖如李敖、尼洛等外省族群所表现的各种不同文学作品、在台东南亚华侨所呈现的马华文学及1970年代之后所谓的三三文学。

　　三三集刊团体，其名称可解：前面的三指的是三民主义，后面的三则代表圣父圣子圣灵三位一体的真神。三三集刊成员如：朱天文、朱天心、马叔礼、谢材俊、丁亚民、仙枝深受胡兰成与张爱玲的影响，除了文学性极强也有着正统中国与热爱红学的信仰。希望将国家文化以及政治意识型态等争议包纳在一个"情""爱"的理想，至今仍为不少人所称道。三三文学后来消失，但其总根源之怀乡文学仍于台湾具有一定市场。这期间，

作家朱天文 >

诸如席慕蓉的新诗、朱天文的散文或小说等等，都在 1980 年代之后，甚至新世纪后，依旧领有风骚。

4.通俗文学——言情与武侠

台湾的言情作家很多，琼瑶是言情流派的代表人物。

琼瑶的小说可分为三期：早期小说包括 1963 年发表的《窗外》至 1971 年的出版《水灵》和《白狐》，主要是由历朝历代中国民间传奇发展的古人爱情短篇故事。中期的小说由《海鸥飞处》开始，至《燃烧吧！火鸟》，主要是描写当代台湾为背景的爱情小说，除《我是一片云》外，可说全是大团圆结局。晚期则由八十年代创作出版《雪珂》开始，小说的背景搬回古代，内容企图处理变迁中都会男女的爱情观，并尝试脱离早期悲剧的宿命和中期公式化的快乐故事。

《几度夕阳红》是琼瑶小说创作中的重要作品，当中时空交错、人物众多、情节复杂，最能代表言情小说的特征。两条故事主线，分别发生于抗战时期的重庆和六十年代的台北。第一个故事是女主角梦竹的年轻时代，

<根据琼瑶作品改变的影视《几度夕阳红》剧照

她和来自昆明的大学生何慕天相恋，因母亲反对而发生许多扣人心弦的故事，最后，梦竹嫁给了何慕天的好友杨明远，并定居台北。小说的（第二部）则是梦竹女儿晓彤的恋情，晓彤的相恋对象魏如峰是何慕天的外甥，并在何慕天开设的公司任职，此后即是一连串的旧恨新愁的交织。最后，晓彤与魏如峰有情人终成眷属、梦竹仍留在明远身边、何慕天隐居山上不问世事。

琼瑶的作品，以台湾现代化生活为背景，专事抒写男女之间的爱情波折，极富浪漫主义色彩，艺术上趋向唯美主义。对琼瑶的作品，台湾文学界长期褒贬不一，有人认为，它的作品都是脱离现实社会的，犹如麻醉品，粉饰台湾现实；有的则认为她的作品揭示了若干青年的苦闷，爱情的烦恼与波折，有一定价值。

三毛是台湾文坛另一位耕耘于言情领域的女作家，但她的作品风格与内涵与琼瑶相差很大。

三毛的足迹遍及世界各地，她极其单纯，在单纯中却有一种惊人的深刻。无论是做人还是写作，笔调自然轻快，不经意间说着最在意的人和事。

作家三毛 >

　　她的作品在全球的华人社会广为流传，深受读者群欢迎，在大陆也有广大的读者，白先勇认为："三毛创造了一个充满传奇色彩瑰丽的浪漫世界；里面有大起大落生死相许的爱情故事，引人入胜不可思议的异国情调，非洲沙漠的驰骋，拉丁美洲原始森林的探幽——这些常人所不能及的人生经验三毛是写给年轻人看的，难怪三毛变成了海峡两岸的青春偶像。"

　　三毛生平著作和译作十分丰富，共有二十四种。主要作品有《哭泣的骆驼》、《撒哈拉沙漠的故事》、《稻草人手记》、剧本《滚滚红尘》等。

　　武侠小说，总的来说故事情节离奇而曲折，可读性强，是广受欢迎的消遣性读物。

　　台湾新派武侠小说中成就最高的应属古龙，他与金庸、梁羽生并称为中国武侠小说三大宗师。作为新派武侠小说泰斗，古龙的小说创造性地将戏剧、推理、诗歌等元素带入传统武侠，又将自己独特的人生哲学融入其中，阐述其对中国社会的独特洞见，将武侠小说引入了经典文学的殿堂。

　　作为当代华语文坛罕有的大师，古龙的作品是真正深入街头巷尾的文学经典，小李飞刀、陆小凤、楚留香等众多形象，早已成为当代中国人精

∧ 根据古龙作品改变的《楚留香传奇》

神生活的重要角色。古龙的武侠小说创作始终秉承"求新求变"的宗旨，在二十余年的写作生涯中，他以超凡的想象力、深厚的文学底蕴和锐意变革的创新意识，突破前人窠臼，赋予武侠小说新的生命，使之以全新的面貌出现在世上。近半个世纪以来，古龙凭借《多情剑客无情剑》、《楚留香》、《陆小凤》、《七种武器》、《绝代双骄》、《欢乐英雄》等多部脍炙人口的经典小说，非但征服了亿万读者，深远地影响到后来者的武侠创作，同时也引发了持续不断的影视改编热潮，长时间风靡中国乃至东南亚各地，历久不衰。

二、台湾电影

1. 台湾电影的起步和发展

当电影在1896年传入中国的时候，正是日本对华发动甲午战争，并迫使清政府签订《马关条约》、割让台湾的时候。在台湾，最早期的电影放映只是专供日本人观看的。

1925 刘喜阳、郑超人、张云鹤和李松峰等人拍摄了台湾人自己制作第一部故事片《谁之过》。1929 年，他们拍摄《血痕》。这部侠义爱情片是仿效了当时中国的"神怪武侠片"而制作的。在公映的时候，空前盛况，卖座非常成功。

1931 年，日本侵华，台湾也被迫进入备战状态。在文化上，日本严加管治，资源缺乏和人材不足。所以在 1931 年至 1937 年间，台湾只生产

知识小百科

西门町电影街

西门町，在台湾通常是指台北市的西门町。1930 年代开始，西门町成为台北著名的电影街。 40 年代起，电影院一家接着一家开，仅武昌街二段就连开了十多家，其盛况自此可见一斑。但由于台北市区逐渐向东发展，西门町许多机能被取代，80 年代起逐渐没落。90 年代后期，台北市政府与西门町当地商家，重新将西门町规划为行人徒步区，并在周末和假日禁止车辆通行，才又将青少年拉回这个区域。目前在西门町，几乎每个周末都有小型演唱会、签唱会、唱片首卖会登场，各种电影宣传、街头表演等等活动也常常可见。目前西门町还有 20 家以上的电影院，在台北要看首轮电影，西门町几乎都找得着。

西门町电影街 >

沧海桑田——台湾人文撷要

了五部电影以台日合作方式拍摄，由日本人当导演的《呜呼芝山岩》、《荣誉军夫》、《怪绅士》、《义人吴凤》、《望春风》。

1937 年，抗日战争爆发之后，日本在台湾实施"电影界新体制"，进一步加强对台湾电影的控制。所以台湾人在这个时期已经不可能制作自己的电影了。

1949 年，国民党败逃台湾，一部分电影机构随之来台。1950 年代初，台湾开拍了战后第一部台语片《六才子西厢记》。由 1954 年 12 月开始，"中影"公司先后拍摄了《梅岗春回》、《歧路》、《碧海同舟》、《关山行》等影片，另外两间公营的制片厂"台制"和"中制"，主要以拍摄新闻片、纪录片、军教片和康乐片为主。有《洛神》、《奔》、《粟花》、《没有女人的地方》和《黄帝子孙》等。

真正推动五十年代中后期台湾电影发展的其实是民营制片公司。1956 年起，很多香港的独立制片人到台湾，争取合作拍片。除了国语片兴盛之外，还有台语片与之分庭抗礼。1955 年，第一部台语片《六才子西厢记》完成，开台语片先河。1956 年，台语片《薛平贵与王宝钏》在票房上获得成功，引发台语片的热潮。

2. 台湾电影的黄金时期

进入 1960 年代，台湾当局为发展电影事业采取了一系列措施，如限制外国电影进口、减免电影事业的税收等。并从 1962 年起，每年举办一次电影"金马奖"评选。这些措施大大刺激了国语片的发展，加上台湾经济发展，使 1960 年代的电影业迅速发展起来。

这个时期的健康写实电影突破了以往僵硬的政治宣传方式，提升了台湾影片在海外的竞争力，成为台湾电影类型的其中一个主流。1963 年，由邵氏投资，李翰祥拍摄的黄梅调电影《梁山伯与祝英台》掀起大热。李翰祥 1963 年 12 月开拍《七仙女》、《状元及第》等片，同时发掘了王星磊、宋存寿、朱牧等一批年青导演。国联在台湾期间，共拍摄了二十多部影片。当中有《西施》、《破晓时分》、《冬暖》等。

∧ 李小龙主演的电影《猛龙过江》

　　除了这些，这个时期爱情文艺片和武侠电影也风行一时。爱情文艺片始于1965年，李行开拍由琼瑶小说改编的《婉君表妹》和《哑女情深》，掀起了爱情文艺片的热潮。在武侠片方面，1965年开始，邵氏就开展了新派武侠片路线。1966年由沙荣峰邀请香港的胡金铨接拍联邦电影公司的首部作品《龙门客栈》，自此武侠片成为主流。由1966年开始，每一年的票房冠军均为武侠或功夫动作片，依次为《独臂刀》、《扬子江风云》、《十三太保》、《十四女英豪》、《猛龙过江》、《龙争虎斗》等等。

知识小百科

台湾电影金马奖

　　金马奖是台湾地区的电影奖项，在华语圈中历史最为悠久，与香港电影金像奖和大陆电影金鸡百花奖并称为华语电影最高成就的三大奖，创办于1962年，每年举办一届。

< 第四十八届金马奖颁奖仪式

　　金马奖是台湾为促进华语片制作事业，对优良华语片以及优秀电影工作者所提供的一项竞赛奖励，奖励了许多优良华语影片及优秀的电影工作者，成为华语影片制作事业最崇高的荣誉指标，对华人电影事业，有很大的帮助和鼓励。至今，金马奖的颁发仍对华人电影具有指标性意义，特别是在艺术性电影方面。台港电影界知名导演与演员，至今仍非常重视金马奖的竞赛，这从其发奖名单中仍可窥知。许多国际级导演及明星皆曾受邀担任颁奖嘉宾，包括伊莉莎白·泰勒、亚兰·德伦、罗勃·怀斯、雪歌·妮薇佛、江角真纪子、宫泽理惠、江口洋介、李准基等。

3.1980 年代后的台湾电影

　　1980 年代中叶起，台湾电影将触角伸向过去禁忌题材，并回顾与探讨台湾近现代社会、历史与个人记忆。这阶段代表作有《刀瘟》、《香蕉天堂》、《童党万岁》、《牯岭街少年杀人事件》等。其中最震撼台湾的莫过于侯孝贤的《悲情城市》。这部片以一九份世家各成员经历台湾沦陷、"二二八"事件及台湾光复初期的历程，具体而微地反映台湾人的历史经验，不但票房叫座，也在威尼斯影展荣获金狮奖，使侯孝贤成为国际瞩目的知名导演。

国语片的衰退，最早可追溯至 1992 年，国语片市场一直处在不利的位置。2000 年初正式进入 WTO 后，几次的开放政策成为压死骆驼的最后一根稻草，这悲惨的景况到 2003 年达到谷底，这年国语片总票房约 NT1500 万元，不到总票房的 1%，台湾成为世界少数没有电影工业的非第三世界国家或地区。至 2006 年，台湾电影于台湾市占率仅 1.62%。有媒体业者认为"再多的影展奖项都无法遮掩台湾电影全面崩盘的事实"。

　　2000 年后，台湾的国产电影偶有佳作，如 2000 年的《卧虎藏龙》、2002 年的《双瞳》、2005 年的《刺青》等；但整体上，台湾的电影市场仍由好莱坞电影主宰，国语片持续处于弱势。

　　另一方面，台湾电影也有新的发展。鸿海集团董事长郭台铭曾发豪愿要投入电影业，并以电子业代工为概念，于 2008 年退休后拍 100 部以上的电影或电视剧。其中初试啼声的作品（同时也是唯一的一部）即为电影《白银帝国》。由于有鸿海集团 5000 万美元的的大量投资，《白银帝国》成为两地少见的高制作成本的商业电影。

　　《海角七号》以来的国语片复兴热潮：观影人潮带来的市场收益是鼓励新兴电影的主要关键。2007 年起的全球金融危机，在台湾居于优势地位的美商影视企业受到影响，使得台湾电影有了喘息的机遇。2008 年，魏德圣执导的电影《海角七号》以大规模国际化商业路线，并在内容上糅合本

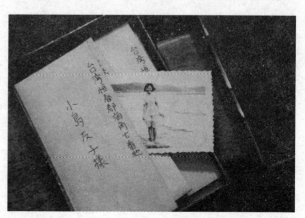

> 影片《海角七号》剧照：给友子的情书

土特色，在票房方面成为战后以来最卖座的华语片及台湾影史最卖座影片的第三名，让台湾观众开始重新关注台湾自制电影。

随着《海角七号》热卖，片商与观众均对台湾电影重拾信心，多部电影亦赶上这波替补美国电影遗留下来的台湾市场争夺，取得较佳的票房成绩，如《囧男孩》、《九降风》、《花吃了那女孩》等等；而 2010 年的《艋舺》，2011 年的《鸡排英雄》、《那些年，我们一起追的女孩》、《赛德克·巴莱》更被视为台湾电影票房的指标，2012 年《阵头》、《爱》、《痞子英雄首部曲：全面开战》和 2013 年《大尾鲈鳗》都是台湾破亿影片，口碑与票房都颇受肯定。台湾电影逐渐复苏。

知识小百科

《赛德克·巴莱》

《赛德克·巴莱》是一部分为上下两集的 2011 年台湾电影，经过 12 年的准备，以 20 世纪 30 年代的"雾社事件"为原型，终于从文字构想走向影像呈现，被称作一部台湾史诗电影的奇迹。为导演魏德圣所制作的第二部电影长片。片名《赛德克·巴莱》意为"真正的人"，在赛德克语，赛德克（Seediq）是人的意思，而巴莱（Bale）

<《赛德克·巴莱》正式海报

我爱台湾

是真正的意思。本片分为上下两集：上集以象征日本的太阳旗为名，由1895年日军占领台湾开始，到1930年莫那·鲁道带领族人反抗日本人而引发雾社冲突；下集《彩虹桥》则进一步描述日军大举进犯雾社，与莫那·鲁道带领赛德克族浴血抵抗的过程，并深入刻画族人从容牺牲后，越过彩虹桥回归祖灵的故事。由于规模与题材都属于战争史诗电影，被视为台湾电影业的指针，上映后突破台湾票房纪录。台湾民众对《赛德克·巴莱》极为推崇，将该片视为"台湾的骄傲"。《赛》片讲述台湾少数民族抗日，反抗高压统治，寻求灵魂自由，带给人们的更多的是一种思考，正如影片海报中所说："如果文明是要我们卑躬屈膝，那我就让你看见野蛮的骄傲。"

三、戏曲艺术

台湾传统戏剧的分类，大致可分为大戏、小戏与偶戏等三种。大戏包括南管戏、九甲戏、乱弹戏、四平戏、歌仔戏、客家戏以及京戏、豫剧等国民党迁台后传入台湾的大陆地方戏剧；小戏包括车鼓弄、牛阵、桃花过渡、三脚采茶戏等；偶戏包括布袋戏、皮影戏及傀儡戏。目前台湾许多传统戏剧都已近乎失传。

1. 大戏

所谓"大戏"是指由演员扮演各种角色，装扮各种人物，且情节完整，足以反映社会人生，艺术形式完整之戏曲。大戏具备诗歌、舞蹈、讲唱文学、故事、杂技、音乐、演员装扮、代言体与剧场等元素，再藉由前后场演员通力合作，将完整的戏曲之美呈现给观众。

中国戏曲音乐主要建立于宫调、腔调、曲牌与板眼。宫调即调式，系七音十二律移调而来；腔调即是各地方言的语言旋律之音乐化。曲牌为元明以来南北曲、时调与小调等各种曲调之泛称，可产生美丽的音乐旋律；板眼则是用来决定曲子节奏的快慢，相当于目前的节拍。诗歌与舞蹈自古以来即被认为是传统戏曲的重要元素，至于故事与讲唱文学，亦为大戏之重要元素，透过各种散韵变化，传达戏曲之内容。

戏曲中武打动作，可视为杂技之援用。演员必须藉由人物装扮，诠释戏曲角色装扮，此亦为大戏中不可或缺之一环。代言体即是演员使用剧中人物之口吻，以第一人称之方式演出，演员成为剧中人物之代言。

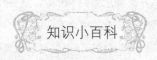

知识小百科

歌仔戏

歌仔戏是唯一发源于台湾本土的传统戏曲，根据《台湾省通志》及《宜兰县志》的记载，皆谓歌仔戏起于宜兰员山结头份。

"本地歌仔"原本只是民间迎神赛会场合业余子弟的表演活动，歌仔戏形成后，因其唱词与念白均使用闽南白话，一般观众易于理解，且其音乐曲调都是民间耳熟能详的音乐，剧情亦是民间所熟悉的故事，因此迅速从宜兰流传至台北，于是产生职业性戏班，尔后更有客籍人士演唱客家语言的歌仔戏，歌仔戏便流传全省各地，成为当时台湾最盛行的民间戏曲。

< 歌仔戏剧照

我爱台湾

2. 小戏

所谓"小戏"是相对于"大戏"而言的。一般来说，大戏是由小戏孕育发展而成，但小戏有时亦可由大戏分支发育成另一独立的剧种。民间小戏是指由"民间歌舞"与"民间曲艺"或"说唱艺术"结合发展而成之剧种，因此在杂技中撷取"歌"与"舞"之要素，便成为"歌舞小戏"。由此可见，小戏是民众或民间艺人创作或传播的小型歌舞剧，反映出民间生活趣味与思想情感。小戏之剧中角色简单，多无完整故事情节，演出内容诙谐逗趣，表演时无固定舞台，而其表演形式则深具乡土歌舞色彩。

3. 皮影戏

台湾皮影戏源于大陆，清代台湾南部皮影戏已相当兴盛。台湾皮影戏唱腔以潮调为主，剧情多采自历史传说与民间轶事，皮影戏艺人通常在民众酬神或喜庆（如婚礼）时应邀演出。演出场地通常在寺庙前空地或请主住宅前庭；剧团人数一般在四至七人之间，但仅一人主演，一人助演，余者负责乐器伴奏及帮腔。

∧台湾皮影戏

沧海桑田——台湾人文撷要

皮影戏演出，戏棚与一般传统戏曲稍有不同，其以"灯"绘"影"，故除影偶外，尚需具备"窗影"及"灯光"。皮偶多为平面侧身，偶长八寸至一尺，亦有长达二尺者。由于皮影戏采平面透光，戏中的人、物皆以正侧面显影，其创作着重写意，藉灯光投射出如梦如幻之影像，配之以符合剧情之音乐，观众之心领神会，随个人才性之不同而异。"窗影"大小并无一定规格，后来多加大成五尺高七尺宽。窗影系以四条硬木钉制成长方形框架，再以白竹布或白绸布围之，便成影幕。五彩变幻之灯光已不足为奇。目前皮影戏剧团为节省人力，一般仅使用单皮鼓、锣、铙钹与椰胡等乐器，后场甚至精简至锣、鼓与弦等三人。

几经时空递变，目前台湾皮影戏团仅存高雄县境五团：大社乡的"东华皮影戏团"与"合兴皮影戏团"，冈山镇的"福德皮影戏团"，以及弥陀乡的"永兴乐皮影戏团"和"复兴阁皮影戏团"。此外，台北的"华洲园"原为一布袋戏班，于近年成立"华洲园皮影戏团"，曾学艺于大陆。

4. 布袋戏

布袋戏起源于福建泉州。很快在闽南地区广为流传，后来逐渐形成一种具有独特艺术魅力的地方戏剧。因为木偶的衣服形似布袋，所以称为"布袋戏"；布袋戏表演时演员把手掌插入当作木偶"身体"的布袋之中，以手指活动来操纵，所以又称为"掌中戏"。

布袋戏是随着闽粤移民带到台湾的，台湾的布袋戏分成南管、北管、潮调三种不同流派。布袋戏的剧目比较广泛，许多历史故事、民间传奇、神话传说，都可作为表演内容。演出时，被称为"头手"的"手艺"高超的演员躲在幕后，一面用手操纵木偶，表演各种细腻逼真的动作，一面模仿各种人物的声调，绘声绘色地叙述剧情。台词中有引人入胜的道白，有典雅婉转的清唱，有幽默风趣的俚语。狭小的舞台，道尽人间悲欢离合、善恶美丑，难怪该戏能得到如此的欢迎。

我爱台湾

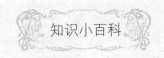

知识小百科

民间阵头

阵头是指不具备完整戏曲条件的民间歌舞小戏，通常在迎神赛会或其它节庆时做出阵游行或野台演出。台湾民间阵头，一般可分成"文阵"与"武阵"，"文阵"歌舞性质浓厚，娱乐性强，有故事情节，有对白，有完整的后场伴奏，使用乐器包括曲调乐器与打击乐器，表演形式大多为载歌载舞。如车鼓弄、牛犁阵、牵亡歌阵、打七响及桃花过渡等。"武阵"则宗教性质强烈，多带有武术表演，后场伴奏乐器大多只使用锣、鼓、钹等打击乐器，目的在增加热闹喧阗的气氛，活动力也较文阵为大，表演形式大多为只舞不歌。例如宋江阵、跳鼓阵、狮阵及龙阵等。台湾民间阵头近百种，可细分为宗教阵头、小戏阵头、趣味阵头、香阵阵头、音乐阵头及丧葬阵头等六种。

∧ 阵头艺术

沧海桑田——台湾人文撷要

四、云门舞集

　　云门舞集，是一个台湾的现代舞蹈表演团体，1973 年由林怀民创办，也是是台湾第一个职业舞团，是所有华语社会的第一个当代舞团。云门之名来自于中国古书《吕氏春秋》中的一句话"黄帝时，大容作云门，大卷……"云门，也就是黄帝时代中国舞蹈的名称。云门舞集因演出许多经典的作品，而享誉世界。其中包括有薪传、九歌（舞剧）、家族合唱、流浪者之歌、水月、竹梦、行草等等。四十年来，云门的舞台上呈现了一百五十多出舞作。古典文学，民间故事，台湾历史，社会现象的衍化发挥，乃至前卫观念的

∧ 云门舞集《流浪者之歌》

我爱台湾

尝试，云门舞码丰富精良；多出舞作因受欢迎，一再搬演，而成为台湾社会两三代人的共同记忆。从台北的戏剧院，各县市文化中心、体育馆、小乡镇学校礼堂，云门在台湾定期与观众见面。每年轮流在各城市举行户外演出，平均每场观众高达六万，演出结束后，会场没有留下任何垃圾纸片，建立了美好的广场文化。云门也经常应邀赴海外演出，是国际重要艺术节的常客，以独特的创意、精湛的舞技，获得各地观众与舞评家的热烈赞赏。曾受英国伦敦《泰晤士报》评为亚洲第一当代舞团，德国《法兰克福汇报》亦曾赞其为世界一流现代舞团。云门舞集的附团"云门舞集2"于1999年成立，2000年起，定期进驻台湾中正大学，开设"与云门共舞"的舞蹈课程，已成为正式通识课程，很受大学生欢迎。

五、工艺美术

台湾从开拓之初期，和闽、粤两省之间的商业往来很盛，大陆的手工艺品源源供应，以致台湾本地的手工业很难发展，因此台湾有形的民间艺术的造型和技术没有达到很高的水准，使得今天我们只有在寺庙、古民房、古墓的装饰上还能看到民间艺术的片鳞鸣爪，很难找到完整的民间艺术作品。水雕、石雕、绘画、镶磁，在台湾主要是用在寺庙、古民房乃至坟墓的建筑装饰。

1. 木雕

台湾木雕的工艺来自闽南，清时，雕刻所需的木料大多来自福州，称为福杉。日据时期以后，台湾也盛产质细坚硬的木材，如松木、油松、茄苳、香桂、苦苓、龙眼等都是很适合雕刻的材料。

台湾的寺庙、民房装饰都有奇技精巧的表现，云林县北港镇朝天宫、台南县北门乡南鲲鯓代天府、嘉义县新港乡奉天宫，都有精美的装饰和雕工。台北县板桥市林本源旧大厝、南投县竹山镇莱园路林宅、彰化县鹿港

∧ 台湾建筑木雕

镇的若干旧式店铺的主要雕饰是在殿堂内部的天花柱头和神龛，其次是门窗装饰，它的雕刻技术有浮雕、透雕、嵌沉等类型。门窗上窗格部分，雕刻的花鸟人物或是神话故事，每页一幅，宛如画屏，都具有吉祥的意义或是驱邪压胜的作用。最用功力的部分是神龛帐架的雕刻，所镂刻的龙翔凤舞的花纹，精致极了。

　2. 石雕

　　台湾的寺庙和古民房，都喜欢用石柱脚、石柱、石门墩等，这些都是加工雕饰的，神殿庭柱和门柱，雕以蟠龙，殿外栏杆的柱头，雕以狮猴，门墩加雕石狮子，大殿内外楹柱则雕悬楹联，走廊墙壁则嵌以石碣，或刻文、或雕花鸟、也有的民房采用珍贵的石料作为门墩、柱脚，再施以雕饰的。

坟墓的雕饰，普通的有墓碑和石供桌，大户人家的墓园还有石柱、石翁仲、石兽等，并且相互比雕工的精粗。台湾不出产优良的石材，清时从闽南运来青石、泉州石用来雕刻。石柱脚以青石为材，而雕刻最佳的，是台南市大天后宫（妈祖庙），图案有象征主义的花纹，也有写实主义的走马，彰化县彰化市孔子庙、鹿港镇龙山寺的石柱脚，可以和大天后宫并称为全台第一杰作。

寺庙的石狮子，驱邪压胜，台湾石狮雕刻，来自闽南，风格活泼多姿。在福建和台湾，以青石雕的石狮是上品，台南市一些历史悠久的寺庙，大多有青石狮子，要以台中市万春宫门前一对青石狮子最好，材料高级、雕工精巧。台湾北部，则要以苗栗县竹南镇中港慈裕宫的青石狮子算是佳作。

　　台湾石雕的坟墓装饰很突出，较为出名的有嘉义县新港乡王得禄墓、苗栗县后龙镇郑祉亭墓、新竹县新竹市郑用锡墓等处最为突出。此外，台北县土城乡几座林本源祖坟，雕饰也很壮观美丽，称得上是民间艺术的杰作。

　　3. 建筑绘画

　　中国建筑在世界建筑史上以色彩丰富见称，而闽南建筑又是中国各地建筑中色彩最丰富的。清时无论是寺庙或民房，都有色彩很艳丽的绘画和图案，在墙壁以及外面的墙头上都有绘画。寺庙门上的门神就是相当突出的作品，在栋梁和拱斗等处也可以看到很多图案，这些绘画的技术，完全取材于中国传统的花鸟、人物、山水绘画，内容大多和宗教、道德有关，手法也多接近自然写实主义。

　　台北市大龙峒保安宫，大体上仍保留闽南式传统古庙的型态，应用在建筑装饰上有各种绘画。台湾各寺庙的门神，种类繁多，不同性质的寺庙，有不同种类的门神，很有研究的价值，例如：台南市开元寺、台北市龙山寺，因为是佛寺，大门上的门神画的是四大金刚；台南市的五妃庙，因为供奉女神，所以门神画的是一对宫娥等。

　　4. 交趾陶

　　交趾陶起源于清朝道光年间，因发源于广东五岭以南（古名"交趾"），故名曰"交趾陶"。交趾陶是一种低温多彩釉，是融合了软陶与广窑的一种陶艺，交趾陶的制作全凭巧夺天工的陶匠用双手及竹篾将陶土片片贴合、修饰，再以多彩釉细工着色使其绚丽，再经过多次烧制而成，集雕塑、色彩、烧陶之美于一身。其特点在于晶亮艳丽的宝石彩釉，呈现多元丰富的民俗风格，且包含了捏塑、绘画、烧陶等技艺及宗教文化的民俗工艺，堪称中华民间艺术之国宝。

　　据考证，交趾陶清时随移民传入台湾。台湾的交趾陶主要作为庙宇或传统建筑中的装饰，多饰于庙宇建筑的屋顶、墙壁上的水车堵、身堵、墀头，

我爱台湾

∧ 交趾陶

而题材多半以教化人心的忠孝节义及吉祥献瑞等为主，其人物的身段、服饰则深受地方戏曲及歌仔戏的影响，不论人物或鸟兽、花卉的造型、用色，皆十分鲜艳生动而活泼，其特色在于晶亮艳丽的宝石釉彩，呈现多元丰富的民俗风格。

在传入台湾的150年间，由于交趾陶的制作技巧难度高，因此习得此艺的匠师寥寥可数，其中以尊为"叶王"的叶麟趾，为台湾交趾陶的开山宗师。其作品还曾在世界博览会中引起艺坛的震惊，被誉为台湾绝技，后世尊为"台湾交趾陶之父"，其作品散见于嘉南一带各大庙宇，如今仅剩台南学甲"慈济宫"、佳里"震兴宫"及嘉义"城隍庙"等地保留较完整。其作品造型丰富、沉逸古拙，尤以人物栩栩如生，用色沉敛稳健，并独创胭脂红、翠绿颜色的釉料，后世更有"叶王交趾烧"之封誉。

第四节　台湾之最

"台湾之最"是指在台湾领域某一些方面最顶尖的事物，也是台湾社会的一个个细节所构成的影像，现简单列举几则。

1. 最高的山：玉山

玉山公园为我国台湾省面积第二大公园，位于台湾中央地带，群峰并峙，横跨南投、嘉义、花莲及高雄四县，总面积约达 105490 公顷，是典型的亚热带高山的地质，其地形以高山及河谷为主。在高山峻谷中除了蕴含丰富的地理景观外，同时也塑造最珍贵的资源宝藏和生态环境。顶部种有冻顶乌龙，茶品上乘。

玉山山脉的走向先是东西向，再转为北北东—南南西方向，最高峰玉山（又称玉山主峰）海拔达 3952 米，是台湾第一高峰，也使台湾岛成为

< 日月潭

我爱台湾

世界地势高度第四高的岛屿。玉山与雪山、秀姑峦山、南湖大山、北大武山合称"五岳",为台湾最具代表性的五座高山。玉山山容气势磅礴,雄踞一方。冬季时而积雪,远望雪白如玉,景色优美,"玉山积雪"因而成为台湾八景之一。玉山是布农族与邹族共同的圣山,也是当代台湾的象征之一,被誉为"心清如玉,义重如山"。

玉山之美,美在它的奇峰。主峰挺拔、高峻,山容山势具王者之尊。站在山巅向四周眺望,北面雪山、南湖大山、中央尖山;南面关山、北大武山;遍览无遗,清晰可数。真有"会当凌绝顶,一览众山小"之感。俯视全省,群山如丘,河溪如带;远望太平洋,回顾台湾海峡,只见无穷蔚蓝空碧,仿佛天地相接,直觉浩气充溢心胸。

2. 最大天然湖泊:日月潭

日月潭位于南投县鱼池乡水社村,是台湾唯一的天然湖,由玉山和阿里山之间的断裂盆地积水而成。湖面海拔 760 米,面积约 9 平方千米,平均水深 30 米,湖周长约 35 千米。日月潭四周群山环抱,重峦迭嶂,潭水碧波晶莹,湖面辽阔,群峰倒映湖中,优美如画。每当夕阳西下,新月东升之际,日光月影相映成趣,更是优雅宁静,富有诗情画意。日月潭中有一小岛远望好像浮在水面上的一颗珠子,名珠子屿(光华岛),以此岛为界,北半湖形状如圆日,南半湖形状如弯月,日月潭因此而得名。

日月潭潭水碧蓝无垠,青山葱翠倒映,环山抱水,形势天然。该潭除可泛舟游湖、赏心悦目外,其环湖胜景殊多,诸如涵碧楼、慈恩塔、玄奘寺、文武庙、德化社、山地文化村及孔雀园等。2009 年,日月潭入选世界纪录协会中国台湾最大的天然淡水湖。湖周 35 公里,水域 9 平方公里多,为全省最大的天然湖泊,也是全国少数著名的高山湖泊之一。其地环湖皆山,湖水澄碧,湖中有天然小岛浮现,圆若明珠,形成"青山拥碧水,明潭抱绿珠"的美丽景观。清人曾作霖说它是"山中有水水中山,山自凌空水自闲";陈书游湖,也说是"但觉水环山以外,居然山在水之中"。300 年来,日月潭就凭着这"万山丛中,突现明潭"的奇景而成为宝岛诸胜之冠,驰名于五洲四海。

　　日月潭是台湾著名的风景区，是台湾八景中的绝胜，也是台湾岛上唯一的天然湖泊，其天然风姿可与杭州西湖媲美。日月潭之美在于环湖重峦叠峰，湖面辽阔，潭水澄澈；一年四季，晨昏景色各有不同。

　　3. 台湾最老的庙宇：澎湖天后宫

　　澎湖天后宫位在台湾澎湖县马公市区的中央里，是台湾历史最悠久的妈祖庙。天后宫俗称妈祖宫，明代称为"娘宫"、"妈祖宫"、"娘妈宫"等，庙名也是地名。

　　目前的澎湖天后宫格局与样貌奠定于 1922 年之重建。主持建造者为原籍广东潮州的匠师蓝木，这使得澎湖天后宫具有潮州风格，和台湾多数寺庙以闽南风格为主不同。澎湖天后宫面向港口，座北朝南，显示地位极高。庙顺坡而建，前水后山，有风水意义。建筑布局为三殿式二院，即三川殿、正殿以及清风阁（后殿），分别顺着地形升高。庙埕与三川殿交接处设有

∧ 澎湖天后宫

我爱台湾

多角形的石阶，香客需循阶而上进入庙中，这在台湾庙宇中为独一无二的设计。

三川殿为三开间，殿左右与护龙相接，是多风的澎湖地区建筑之特色。天后宫的木雕反应近代台湾寺庙雕刻的精致和写实路线，多用樟木以利细节表现。正殿神龛左右两侧，有四幅广东匠师朱锡甘的描金画，前殿后步口的木柱上有锦纹画，在台湾十分少见，具有珍贵价值。

4. 台湾最长的跨海大桥：澎湖跨海大桥

连接白沙、西屿两岛的跨海大桥，横跨波涛汹涌的吼门水道，全长2494米，两端建有半圆形拱门一座。漫步桥面，可观壮阔海景，可听汹涌浪涛，可沐徐袭海风，诚休憩身心一大乐事。

∧ 澎湖跨海大桥全景

沧海桑田——台湾人文撷要

澎湖跨海大桥 1965 年动工，1970 年完工，澎湖跨海大桥连接澎湖群岛中的两大岛，白沙岛与西屿岛，是澎湖群岛主要交通要道之一。首次兴建好的初期曾是东亚一带第一座深海大桥。1983 年起改建，1996 年竣工通车。改建后全长为 2494 米，其中路堤 1519 米，桥梁 975 米、桥面全宽 13 米，是台湾最长的桥。

5. 最大的圆形车站站体：美丽岛站

美丽岛站（原名大港埔站）位于台湾高雄市新兴区，为高雄捷运红线、橘线交会的捷运车站，为高雄捷运初期路网唯一的转乘车站。美丽岛站是以 1979 年 12 月 10 日在此地爆发、震惊台湾社会和影响民主运动发展的美丽岛事件为名。本站由日本建筑师高松伸所设计，以祈祷为主题象

∧ 美丽岛站

我爱台湾

征。车站内部之公共艺术作品——光之穹顶，乃由意大利艺术家水仙大师（Narcissus Quagliata）亲手打造。美国旅游网站"BootsnAll"于2012年初评选全世界最美丽的15座地铁站，美丽岛站排名第二名。

地下三层侧式月台（橘线）、岛式月台（红线）交会站，共有11个出口。于红、橘线交会处的中山、中正路大圆环下方以地下圆形建筑方式兴建，红线与橘线月台部分以"T"型相交，直径140米的车站主体建筑为全世界最大的地下圆型车站。

6. 台湾最大的帘幕式瀑布——十分瀑布

十分瀑布位于台湾省台北县平溪乡，为台湾铁路支线平溪线的著名景点。地处基隆河上游瀑布群。十分瀑布落差高度约20米、宽度约40米，水瀑壮丽，气势磅礴，为台湾最大的帘幕式瀑布。此外，因岩层的倾向与水流相反，属于逆斜层瀑布，此情况与北美的尼加拉瀑布相似，使其赢得

∧ 十分瀑布全景

"台湾尼加拉瀑布"的美誉。瀑布下方水潭极深，水汽长年弥漫不散，一经阳光折射，一道清丽的彩虹跨其上，故又有"彩虹渊"的美名。下游巨石纷立，是崖面受流水侵蚀冲刷之后，经过不断的崩毁、退后，所形成的奇特景观。十分瀑布园区设有野营区、烤肉区、别墅区、河边钓鱼游乐区、动物园区、石林游乐区、大家山观景区、吊桥、原野体能训练场、儿童戏水池及120尊石雕观音林区等，由于十分风景区属于私人经营，因此前往观赏十分瀑布需购门票。

第四章

源远流长——台湾民俗风情

台湾民俗风情源远流长，各项民俗内容多姿多彩。宗教信仰是其一大特色，是个"多神之岛"。由节庆民俗可管见台湾丰富多元的传统文化面貌。原民风习独特古老，成为"人类学者研究的乐园"。民间传说世世相传，歌舞民谣特色鲜明，风味饮食更是饮誉中华。

第一节　宗教信仰

台湾民间信仰普及与盛行，是个"多神之岛"。教堂寺庙遍布，信徒众多，其宗教信仰可分为三大类，一是高山族的原始信仰，二是民间通俗信仰，三是各种正式宗教。

一、高山族的原始信仰

台湾高山族至今仍保留原始的宗教信仰，但也接纳了许多其他新的宗教信仰。其祭祀活动颇具原始宗教特色，较著名的有阿美族摔角节（元月初）、曹族团结祭（2月15日）、布农族打耳祭（四月底）、阿美族赶鬼仪式（五月底）、卑南族丰年祭（七月上旬）、阿美族祭司节、赛夏族矮灵祭、排湾族竹竿祭（每五年举行一次，又称五年祭）等。现在许多仪式成为旅游的主要节目。

每年二月十五日，是曹族的团结祭日，要举行隆重的歌舞迎神活动，以祈福、感谢天神，团结部落的意志。曹族祭祀活动很多，其中以整个部落举行的"凯旋祭"与"团结祭"（祈福、感谢天神团结部落意志）最为重要。

传说百步蛇是鲁凯人的祖先，因此鲁凯族将百步蛇的图案作为祖灵的象征，进行祭拜。鲁凯族也有"丰年祭"的祭祀活动。阿美族传统的祭祀活动是各部落的"丰年祭"，一般在每年收获期的尾声开始，时间持续一个周到半个月不等。届时，能歌善舞的阿美人身着传统盛装，载歌载舞，

我爱台湾

饮酒食肉，通宵达旦。每年五月底，阿美族还要举行赶鬼仪式，以保丰年。

卑南族社会组织仍保持着世袭头目制，属母系社会。男性一般在12～13岁举行第一次成年礼，女性则多数要学习巫术。祭仪活动也以"丰年祭"为代表。赛夏族传统祭仪活动以"矮灵祭"最重要，两年举行一次，有迎灵、延灵、娱灵、逐灵、送灵等仪式与歌舞活动，感恩追思传说中的祖先黑矮人。

二、民间通俗信仰

民间通俗信仰是指融汇一般风俗习惯而为多数人普遍信奉的一种民间信仰，在台湾历久不衰，大致可分为天地、神佛与祖先三类。每逢年节、婚嫁丧葬、祭典，民众都会祭天地、神佛与祖先。其中妈祖崇拜是台湾民间信仰人数最多与最普遍的一种信仰。

妈祖信仰。妈祖俗名林默娘，传说公元960年农历三月二十三日出生于福建莆田湄州岛。心地善良，常解救海上遇险渔民，颇受爱戴，去世后乡亲们就在湄州岛立庙祭典，在澎湖立像建庙，尊称为"天妃"、"圣妃"或"妈祖"。郑成功收复台湾后，妈祖也被供奉到台湾岛，尊称为"圣母"。清朝施琅将军统一台湾后，奏皇帝加封妈祖为"天后"。此后，台湾兴建了许多妈祖庙，目前有383座。其中以北港的朝天宫香火最为旺盛，每年都会举行北港妈祖绕境巡行的盛大庆典活动。每年农历三月二十三日妈祖生日，信奉妈祖的善男信女，便纷纷从全台各地涌入云林北港的朝天宫，掀起盛大的妈祖生日进香活动。

大甲妈祖回娘家是另一大型祭典活动。台中大甲天后宫，每年暮春三月必到北港天后宫探亲，与父母团聚，形成"大甲妈祖回娘家"的祭典活动。届时，全台数十万计的妈祖信徒，从各地赶到台中大甲镇汇合，障伴着妈

<阿美族丰年祭

祖神像步行到北港天后宫探亲。礼完结束后，又护驾返回大甲镇，来回往返 300 公里。

最隆重的活动则数妈祖信徒每年一次的回福建湄州岛的"割香"活动。届时，全台湾的妈祖信徒云集北港，推选出上千人的"进香团"，奉妈祖"金身"，乘船横渡台湾海峡到湄州"进香"，盛况空前。

城隍爷出巡。每年农历五月十三日，是台北霞海城隍爷诞辰日，有盛大的城隍爷出巡活动，俗称五月十三日大拜拜。台北霞海城隍爷是清代淡水厅的县城隍，于道光元年由福建同安奉请来台，其信徒众多，祭典活动盛大。出巡行列中有南北管乐队、舞狮队、信徒，加上参观民众，人员众多，盛况空前。

回乡谒祖祭。每年农历三月二十一日，位于台南学甲镇的慈济宫，都要举行规模宏大的上白礁谒祖祭典。当年，追随郑成功来台的福建部属，为祈求沿途平安，特地从家乡白礁乡慈济宫请出保生大帝神像供奉。每年农历三月二十五日是保生大帝的生日，为让大帝有足够时间渡海回乡谒祖，提前四天即农历三月二十一日举行"上白礁祭祀"活动。连续 300 多年，

我爱台湾

从未间断，充分显示了中华民族饮水思源的精神。

祭孔大典。至圣先师孔子的祭典活动必须完全依照"释典之礼"，不得任意更动，民间也不可用其他方式庆祝孔子诞辰。每年九月二十八日孔子诞辰纪念日举行，首先以鸣炮为号，身穿各种古式礼服的祭祀人员就位，开始一系列完整的仪式，包括迎神、请祭文、初献、亚献、终献、撤馔、送神等，其中最特殊、最具魅力的是奏乐以乐佾舞。

三．中西并存的宗教

台湾宗教门类繁多，依来源可分成三类。一是源于祖国大陆的中国传统宗教，如佛教、道教等；二是由外国传入的，如基督教、天主教等；三是台湾本地创立的，如轩辕教与天帝教。各宗教基本上相互承认与尊重，较少发生冲突。1990 年代以来，台湾岛内也出现许多新的宗教组织与派别，如新中华理教、新儒教、救世教等。

道教。台湾的道教由大陆传入。到 2000 年，台湾道教寺庙 8604 个，

台湾北港迎妈祖 >

道士 33850 人，信众 455 万人。道教属多神教，台湾道教宫观，有供奉三清玉皇、张天师、真武大帝、吕祖等道教尊神为主的，也有供奉保生大帝、三山国王、开台圣王、开漳圣王等闽台民间神明的。

佛教。佛教在台湾已有 400 多年的历史。到 2000 年，正式统计的佛教寺庙为 4010 个，佛教教职人数为 9304 人，信徒 367.5 万人。台湾还有多个佛学院与刊物出版。其中，佛光协会与慈济功德会两个佛教组织在台湾最具影响力。

天主教。1619 年，西班牙圣多明尼会派（Dominican）教父随西班牙侵略军进入台传教，天主教自此传入台湾。台湾天主教有 7 个教区与澎湖、金马 2 个署理区。到 2000 年，有教堂 1193 个，神职人员 693 人，信徒 30.4 万人，外籍传教人士 664 人。

基督教。荷兰占据台湾后，于 1627 年雇佣荷兰改革宗教会教士来台传教，基督教由此传入台湾。到 2000 年，台湾基督教有教堂 3857 个，神职人员超过 3000 人，外籍传教士超过 1000 人，信徒 59.3 万人。设有神学院 29 所，各类学校 62 所，医疗机构 29 所，出版社 78 所。

< 祭孔大典

我爱台湾

第二节　节庆民俗

　　台湾庆典活动可分为中华传统节庆、地方民俗庆典与少数民族祭典等
种类，有相当多样化的节庆及民俗活动，除了能让人感受欢乐热闹的气氛
外，更可以了解台湾的人文信仰及生活智慧，以下是台湾最具代表性、且
活动最盛大的传统节庆，可管见台湾丰富多元的传统文化面貌。

一、农历1月1日—农历1月5日

　　春节气氛以农历正月初一到初五这段期间最为浓厚，民间俗称"过年"，
含有辞旧迎新之意，被视为一年中最重要的节日。

　　从春节前夕到农历大年初五之间，民间遵行多项习俗。在春节前夕，

台湾的道教 ＞

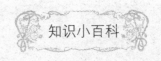

知识小百科

星云大师

　　星云大师（释星云 1927—），俗名李国深，农历七月二十二出生，原籍江苏江都，为临济正宗第四十八代传人。国际著名佛学大师、佛光山开山宗长、国际佛光会世界总会会长、山东大学名誉教授。星云大师在 1967 年创建佛光山，以弘扬"人间佛教"为宗风，佛光山寺第一、二、三任住持。现今于世界五大洲成立寺院及别分院 260 余所，课徒 1300 位出家法师。于美国成立国际佛光会世界总会，目前分会亦遍世界各地，约有 600 万名会员服务于世界各地，亦为国际佛光会世界总会荣誉总会长。创办 9 所美术馆、26 所图书馆、出版社，12 所书局，50 余所中华学校，16 所佛教丛林学院；著作等身，有 110 余种佛学著述，并翻译成英、日、德、法、西、韩、泰、葡等十余种语言，流通世界各地，对佛教制度化、现代化、人间化、国际化的发展，居功至伟。2013 年，星云大师获得 2012 到 2013 年度影响世界华人大奖终身成就奖。

< 星云大师

我爱台湾

家家户户开始"扫尘",此意味着将晦气恶运扫除出门,有破旧立新之意;扫尘后紧接着准备做年糕(年糕含有"步步高升"之意);农历 12 月 29 日即"小过年"当天,每家每户都会贴上"春联"及"年画",藉以敬神祈福,有吉祥讨喜之意。

农历 12 月 30 日除夕夜合家会一起"围炉"吃年夜饭,之后,长辈会发给晚辈红包带(即压岁钱),互讨吉利、祈求平安。"守岁"在民间含有祈求父母长寿之意,通常从家人齐聚吃年夜饭开始,直至午夜 12 点一到,纷纷燃放鞭炮欢庆新年到来。春节习俗还包括大年初一拜年、初二已出嫁的女儿回娘家、初四接财神、初五开市等。

二、农历 1 月 15 日

农历 1 月 15 日是元宵节,一般称为"小过年";根据旧俗,农历春节一直要持续到元宵节才算告一段落。在众多节庆中,元宵节受重视的程度仅次于农历春节,庆典特别多。一般除了祭祖、猜灯谜、吃元宵汤圆外,最热闹的要属"迎花灯"及"放天灯"了。另外,台南的盐水蜂炮也是元宵节当天的重头戏。"灯笼"向来被视为元宵节的代表,全台北、中、南各地都有许多灯节活动庆祝,其中最热闹的要属"台湾灯会"、"台北灯节"、"高雄灯会"。台北灯节在中正纪念堂一连举办多天,元宵节当天掀起最高潮,最受瞩目的是以该年生肖的大型主题灯会。高雄灯会则选在景致优美爱河举办,整个活动热闹非凡。

平溪放天灯是元宵节当晚另一项精彩的活动。流传至今,平溪放天灯已不再具有互报平安、互通信息的功能,而演变成元宵夜的一项观光活动,成为游人许愿祈福的象征物。

"北天灯、南蜂炮",台南县盐水镇武庙的蜂炮也闻名中外。百姓为感念关圣帝君的神威,燃放烟火,并举行"关帝绕境"。蜂炮提前在元宵节前夜（农历 1 月 14 日）开始引燃，当神轿抵达时，附近商家、住户蜂拥而上将蜂炮抬出点燃，一时飞炮冲天，顿时将盐水镇化做一座不夜城。

三、农历 3 月

　　17 世纪以来，妈祖随着闽南一带的移民信众分灵来台奉祀后，即成为台湾民间百姓普遍的信仰。台湾各地共有 870 余间妈祖庙，每逢农历三月妈祖诞辰，全台各地如台中县大甲镇澜宫、彰化县鹿港天后宫、云林县北港朝天宫、嘉义县新港奉天宫、台南是大天后宫等庙宇都会扩大举办祭祀、进香、绕境等活动，其中尤以台中县大甲镇澜宫的妈祖绕境，历史最久且规模最盛大。

　　大甲镇澜宫进香活动一般于农历 3 月不定期举行，整个队伍加入了许多精采的庙会活动，包括神像戏偶、戏班、绣旗、花车、舞龙舞狮等，经彰化员林、云林西螺、虎尾到嘉义县新港奉天宫，历时八天七夜。行进中，迎马祖队伍受到各地善男信女热烈欢迎，百姓们纷纷准备牲礼素果膜拜，燃放鞭炮、焚香祭祀。直到妈祖从嘉义新港奉天宫回銮时，再一次掀起活动高潮，沿途数十万名信徒大摆流水席招待亲友及香客，锣鼓喧天、万人

< 台北县平溪国际天灯节活动

2012 年关帝绕境 >

空巷。

四、农历 5 月 5 日

端午节于春节、中秋节变成三大节日，因其由来和习俗，几乎都和纪念战国时期楚国诗人屈原有关，故民间又称"诗人节"。

端午节最普遍的习俗为"划龙舟"和"吃粽子"。划龙舟已是一项遍及海内外的观光活动，全台北、中、南各地，每年均有大型龙舟竞赛，近年还扩大举办国际邀请赛，邀请国外朋友共襄盛举。

盐水蜂炮 >

源远流长——台湾民俗风情

包粽子习俗是为防屈原身躯被鱼虾啃蚀，人们于是在竹叶中装进米食投入江中喂食江鱼，传承至今，及演变成一项普遍习俗。除此之外，另有各种旧习俗在民间广为流传，如在门上悬挂艾草、菖蒲、榕枝等，藉以驱避蚊虫；悬挂钟馗画像、佩带香包及饮雄黄酒等以保平安。

五、农历9月

烧王船祭典为台湾西南沿海著名的民俗祭典之一，用意为送瘟神出海，祈安降福。"王船祭"每三年举行一次，东港烧王船在农历9月份于屏东县东港镇东隆宫举行，西港烧王船在农历4月中旬于台南县西港乡庆安宫举行，其中"东港烧王船"场面最为热闹盛大，闻名全台。

< 大甲镇澜宫进香

我爱台湾

"东港烧王船"祭典为期 8 天 7 夜，包含请王、过火、遶境、宴王、送王等诸多仪式。整艘王船仿古战船而建，以纸和木材搭建，造价数百万，雕工精细华美。依照惯例，在烧王船之前，举行盛大的"宴王"仪式，以突显祭典之隆重，仪式选在凌晨开始，伴随着一连串鞭炮声，王船缓缓起航，接着引燃熊熊大火，连同代天巡狩的王爷一起离开，祈求平安降福。

六、农历 7 月 15 日

农历 7 月俗称"鬼月"，在传统习俗中，从农历 7 月 1 日凌晨起地府鬼门开到农历 7 月 29 日鬼门关的这段期间，民间为祈求消灾解厄、诸事顺利平安，各地均举办大大小小的祭典，尤以 7 月 15 日中元节这一天达到祭典的最高潮。其中如基隆市政府举办的"鸡笼中元祭"、宜兰县头城及屏东县恒春的抢孤，都是中元节重要的传统习俗。

鸡笼中元祭：是全台中元节庆典中最热闹且最具特色的代表。每年农历 7 月 1 日于基隆市老大公庙举行开龛门仪式，接着，在农历 7 月 12 日前后，在中正公园的主普坛进行点灯仪式，各姓宗亲迎斗登绕境。重头戏在最后放水灯仪式，在农历 7 月 14 日午夜举行，据说水灯漂得愈远，当年运道愈旺。到了农历 7 月 15 日中元节当天，在中正公园主普坛、庆安官等处另举行祭祀普渡。

抢孤：抢孤也是中元节重大的庆典之一，台湾目前只剩下宜兰县头城镇及屏东县恒春镇两地举办，其中又以头城抢孤规模最大最热闹。缘起是早年开垦宜兰的闽粤先民因恐祭祀无人，魂魄无依，便于每年中元普渡时举行抢孤仪式悼念先人。头城附近八大庄居民联合举办超渡法会，选定农历 7 月 29 日关鬼门这一天，盛大举行抢孤活动。

抢孤庆典当天，以 12 根涂满牛油的孤柱架成一座孤棚，顶端还有一个倒翻棚，上面竖以 13 根孤栈含旗竿，并将祭品挂于其上以祭告天神。

<"东港烧王船"祭典

整个活动在子夜子时掀起最高潮,凡参加抢孤的勇汉 5 人为一组,每组以一根绳索为工具,待锣声响起时,各组以迭罗汉的方式向上攀爬并刮去牛油以利爬行,最后由率先夺得孤栈上的金牌及顺风旗者取得优胜。

七、农历 8 月 15 日

中秋节又称"月节",在所有节庆中,它是最富浪漫气息的节日。由于中秋正值秋季之中,为农作收获的时节,早年人们总会在这一天祭拜土地感谢丰收,由于隐含合家团圆之意,因此,一般人常以"花好月圆人团圆"来点出中秋节的内涵。

由于中秋节的活动大都与月亮有关,因此自古以来被视为拜月亮的节日,主要活动包含拜月、祭土地、走月亮、吃月饼等,都是从月亮衍生而来的习俗。其中"走月亮"是指中秋夜当着明月清风到郊外散步赏月;"吃月饼"则意味着团圆美满;此外,还有"吃柚子"的习俗,取"柚"与"佑"

我爱台湾

抢孤 >

谐音，代表受月亮护佑之意；至于"烤肉"，则是近来中秋节兴起的活动，在月光下与家人朋友齐聚一堂，也是一种团圆的象征。

第三节　原民风习

台湾少数民族是宝岛台湾的主人，是中国少数民族独特的一支，目前存有自己语言和文化的有14个族群，总人数约50万人，包括雅美（达悟）、阿美、噶玛兰、撒奇莱雅、卑南、太鲁阁、赛夏、泰雅、邵、布农、赛德克、邹、鲁凯、排湾等。各族群风俗习惯差异逐渐显现，文化独特性也随之形成，台湾也因此成为"人类学者研究的乐园"。

一、阿美

阿美，是台湾少数民族中人数最多的族群，有近19万人，约占台湾少数民族总人口的2／5。以渔捞和农耕为主要生产方式，以丰富多彩的歌舞文化著称。阿美人居住区域北起花莲、南达恒春半岛的东部，又分为恒春阿美、台东（卑南）阿美、海岸阿美、秀姑峦阿美、南势阿美五大群落。

阿美，意指北方的人。阿美拥有独特的母系社会制度，男子实行入赘制，家产由女儿继承，家务大权掌握在女性手里，男子则负责以部落公共事务为核心的男子集会所。男子集会所，具有严格的年龄阶段。阿美男性

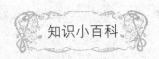

知识小百科

阿美人船祭

阿美人纪念祖先开基、祈神赐福的传统祭祀，又称"海祭"。源于祖先神话：相传古时，阿美人女始祖里漏所部客居异乡，她的儿子基波托与海神沙依宁交游甚笃，情同手足。海神向基波托传授游泳、造船、驾船与祭船等技艺，还一同制造了三艘黑心本古船。后来里漏率众出海，遭遇风暴，三艘古船载其脱险，于台湾东岸登陆，

<阿美人船祭

开基建社。为感谢海神及古船的恩赐，后人遂设祭祀奉。祭仪原为十四年举行一次，后改为七年举行一次。通常在七八月间卜日举行，为期十天。祭前，在当年里漏始祖登陆的海滩搭建一大茅草棚、船屋及祭坛。行祭时按长序级别入棚落座，由长老主祭，面对大海祭拜船屋里的古船，祈海神和祖灵保佑人寿年丰。此时，禁忌女性人内。祭毕，男女青年席地宴飨，向长老敬樽致谢。宴飨之后，举行隆重的"试船祭"，即按六至八人编组，分批乘古船划桨出海，约百米之遥折回，如此往复。青年模拟当年祖先登陆情景，操桨击水，齐唱古战歌；岸上观众群情激昂，歌舞助兴，直至试船完毕，将古船放回原处供奉。宴飨歌舞，连日不歇。

年满 13 岁送入少年会所集训，22 岁成年后才可以结婚，男子也负责部落防卫与公务。为部落的公共事务做过贡献的年老男子，成为部落中受人尊敬的部落长老。部落内社会关系和谐。

阿美部落拥有丰富的自然资源，族人依循农耕、渔捞、狩猎的季节不同，而举行岁时祭典。早期阿美有一系列关于农耕的祭仪，如今只剩每年 7 月到 10 月间举行的丰年祭，以及沿海部落所举行的海祭。

二、排湾

排湾，是台湾少数民族中第二大族群，主要分布在屏东县、台东县，分为北排湾、中排湾、南排湾、东排湾四个群落。

排湾，意指祖先最早发源的地方。排湾的历史传说中认为，人类的诞生分别来自太阳、百步蛇、陶壶三种途径。传统上是以狩猎火耕维生。其氏族制度是台湾少数民族最具典型意义的贵族社会。领土属于头目，头目向平民征税，承担抚恤孤寡、急难救助的义务。氏族内部实行长嗣继承制度，头目家的长嗣继承世袭头目职位。部落公共事务，则由平民阶级自治，由族人们推选年长者或贤达人士组成部落会议，选出干练的人担任行政领袖。

　　排湾人依靠岁时季节的变幻举行不同的祭典。五年祭，是排湾最负盛名且仪式严谨的祭典，从迎请神灵开始到最后送灵仪式结束，时间长达6个月之久。目前这种仪式只能在屏东县来义乡、春日乡和台东县达仁乡土板部落中才能见到。

三、泰雅

　　泰雅，聚居地从南投县浊水溪向北延伸分布到宜兰县和平溪为界，占

∧阿美族舞蹈

据了台湾面积最广的山地，是台湾少数民族第三大族群。泰雅，意指和自己一样的人。泰雅，分为赛考列克和泽敖列两大亚族，认定自己是发源于北港溪上游的溪畔台地，传说先祖诞生的巨岩屹立在北港溪畔，成为泰雅人的圣地，族人称它为宾斯布甘。

　　泰雅的氏族制度是父系社会，以狩猎、火耕为主要生产方式，文化简单原始，没有复杂的政治社会组织，只有一个称为"嘎嘎"的共祭团体。部落随着季节周期举行不同的岁时祭仪，每年9、10月泰雅各布部落都会举行嘎嘎祖灵祭的重要祭典。

　　纹面，是泰雅民族精神的象征，男女在成年后有纹面习俗。女孩要精通织布技巧后，才可以纹面出嫁。而男子必须学会狩猎并且外出征战，才可以纹面娶妻。在泰雅的家庭中，儿女只要成家，就得搬出去另立门户，最后只剩下小儿子在家奉养年老的双亲。这样的社会制度，造就了泰雅男性勇于离家开疆拓土的性格，同时也是形成这个族群分布辽阔的原因。

排湾族传统歌谣比赛 >

四、布农

布农，是人的意思。布农族群根据不同的氏族，分为峦社、卡社、丹社、卓社、郡社等五大社群，是台湾少数民族的第四大族群。布农没有世袭的统治阶级，只有由族人选出的终身职领袖，一种是部落首长，是担任部落传统习俗的守护者，也是各项祭典的祭司；另一种是部落的军事首长，由拥有战功、深谋远虑，甚至熟谙吉凶的长老担任。

布农人是典型的父系社会大家庭，一户人家经常三代同堂，由最年长的祖父或叔祖父担任家长，伯叔辈即使婚后仍不分家，每对夫妻在屋内各自分配一间卧室居住，所有家人共同分工合作。如果分家，通常是要在祖父过世后，才能由伯叔辈主持协议分家。

< 泰雅族纹面少女

我爱台湾

"八部合音"，是布农人最具代表性的音乐表现形式，它是以八个不同的音阶构成柔美的合音，内容是祈祷小米丰收。"夸功宴"则是在亲友欢聚宴饮时，大家转成一个圆圈，不分男女轮流走到中心，大声报出自己的名字并公开夸耀自己成绩的欢庆宴会。是布农人最具特色的文化习俗。布农在台湾少数民族各族群当中是唯一拥有自创文字"农事历法图表"的族群，他们一年四季均依历法进行农耕、狩猎。

五、太鲁阁

　　太鲁阁，源自古老的赛德克族系，是台湾少数民族的第五大族群。太鲁阁人的祖先居住在合欢山西侧的浊水溪源头（南投）。1914年爆发的太鲁阁战争、1933年的雾社事件，让日本殖民者心惊胆颤，为了防范台湾少数民族的反抗，开始对各部落实施"山下移住政策"，强制太鲁阁族群迁到山下，形成今天的太鲁阁人居住地。而太鲁阁人原先居住地的区域现今已成为知名的观光圣地：太鲁阁。

　　太鲁阁，意指山腰的平台或可居住之地。太鲁阁人是传统的狩猎火耕民族，男女成年后都有纹面的习俗。传统社会组织，是由成员共同推举聪

布农族合唱团的孩子们在演出 >

明正直的人担任领导者，对外代表部落，对内维持部落的安宁和谐，仲裁纷争。每个部落均有固定的猎区，猎区的保护是全体部落成员的共同责任，部落男子共同承担责任。

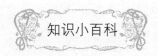

知识小百科

布农族打耳祭

　　"打耳祭"是布农族最重要的祭典。以前的"打耳祭"，在祭典举行之前，所有的成年男子，都必须上山去打猎，把猎物的耳朵割下挂在木架或树枝上，让全村的男孩子轮流用弓箭射；未成年的小朋友则由父亲或哥哥陪伴下，到场中练习射耳朵，据说，经过这样的训练以后，等到他们长大以后，才能跟父兄一样成为优秀的猎人。"打耳祭"又称为射耳祭，以前是专门射鹿的耳朵，那为什么要专门射鹿的耳朵而不射动物其它的地方呢？据布农族的人说，那是因为鹿奔跑的速度快、耳朵灵敏，不容易射中，如果能射中鹿的耳朵，那其它的动物也就能轻易地射中了。打耳祭的仪式举行过后，出猎回来的族人便蹲着围成一个圈，开始"庆英雄"，方式是依年龄大小的顺序，每一个人自报打猎的成绩，每报一句，众人回应一句，一领一和，以应答的方式进行。

＜打耳祭

我爱台湾

太鲁阁人的信仰，是以祖灵为中心的集体意识。巫师的医疗与祭司的祈福，是这个族群部落重要的传统习俗。部落内设立头目、祭司及巫师三个职位，执掌不同的权力，以便监督族人奉行习俗。每年的秋冬时分，太鲁阁人会遵循祖训，举行感恩祭，报答祖灵的庇佑。

六、鲁凯

　　鲁凯，是台湾少数民族中依人口排名第六的族群。"鲁凯"二字意指住在深山的人。鲁凯也属于贵族阶级的世袭社会，家业是长男继承制，头目没有过问公共事务的权力，只担任最后的仲裁或调停者。部落公共事务，由各氏族的嫡系长者、受推崇的有威望的人、有战功的勇士来共同决议，也提供给平民阶级参与公共事务的权利。

　　鲁凯天性保守且敬重头目权威，贵族和平民彼此界限区分严谨。在过去，贵族与头目的服饰图案与装饰拥有专属权。唯有贵族才能戴着插有大冠鹫飞羽的帽子。百合花则代表了社会秩序与伦理，只有纯洁的少女与高贵的勇士才有资格佩戴。严密的礼仪和岁时祭仪，严格地制约着族人的生活与教育，使族人彼此间十分重视互助与团结。每年8月的小米收获祭、

太鲁阁族少女打击木琴 >

丰年祭和 11 月茂林乡多纳部落的黑粟祭等，是部落依随着季节与生命周期举行的盛大祭典。

七、卑南

　　卑南人主要居住在台东平原上，目前还存有历史悠久的八个部落，位于卑南溪以南的台东平原上，是台湾少数民族的第七大族群。卑南，是南王部落普悠玛旧地名的称呼。拥有严厉的会所制度，"会所"在历史上曾对青少年施以严苛的斯巴达克式教育。它分成少年会所和青年会所。男子满 13 岁就要到少年会所集训，年满 18 岁后，再升级进入青年会所服役，担任防卫、杀敌的任务；年满 22 岁，才可以退役、结婚、养儿育女；35 岁后，就可以参与会所内有关部落公共事务的讨论；进入 50 岁后，则成为受人

<鲁凯族的服饰

尊敬的会所顾问或部落长老。从少年起在会所学习服从、忍耐，进行培养吃苦、勇敢精神的艰苦训练，造就了卑南男子骁勇善战的性格和精神。

卑南虽实行男子入赘、女儿继承家业的母系社会，氏族内仍然是男女各有分工，妇女的权力只限于家务事，已婚妇女想要处分财产，必须经夫妻一致同意才有效。每年十二月举行的大猎祭是族群一年当中最重要的岁时祭典。

八、邹

邹，是台湾少数民族人口数排名第九的族群，他们以居住区域不同而分为三个语言各异的亚族群，居住在嘉义县阿里山的北邹群、居住在高雄县的南邹群以及卡那卡那布群。

邹，意指人，他们是以父系嫡长为核心价值的耕猎族群。其部落组织是以设有"库巴"的大社为核心，大社是居住着各氏族的嫡长家庭，小社

卑南族妇女除草祭活动 >

则是各氏族分出去的庶系家庭，每一大社都有一位世袭头目，部族所有事务，都由各氏族最年长者主持。

库巴，是氏族男子集会的专用场所，也是邹族群的圣地。过去男性年甫弱冠，就需离家到库巴集训，接受文化、历史、技艺、狩猎的训练，使其成为捍卫部落的勇士。集会所是大社的政治中枢，部落大事是由世袭头目召集各氏族长老在集会所议决，也是负责战士培训与指挥的场所，严禁女子进入。目前仅余达邦、特富野两个大社。

邹，传统习俗中以"服役婚"的风俗最为独特。男子婚后要在妻子的娘家义务工作三年以上，以充当聘金。女婿的服役期长短，在婚前谈妥。战祭，是邹人的传统祭典，每年在达邦社、特富野社轮流举行，祭仪一般是安排在阳历 2 月 15 日前后，它也是邹人延续文化传承重要的岁时祭典。

九、赛德克

< 邹族丰年祭

赛德克，在赛德克语中意指"真正的人"，因其文化习俗与泰雅相似，自日本侵占台湾时起，就一直被归属为泰雅的亚族群，直至 2008 年 4 月才被确认为台湾少数民族的第 14 个族群。

赛德克人的传统生活方式和习俗，是重视男猎女织的分工，也拥有纹面成年礼及严守祖灵禁忌等传统习俗。部落是最基本的自治单位，属于没有世袭头目的平权社会，由领导能力强的人出任部落领袖，狩猎、出草也由英勇的族人担任领袖。重大事情由长老会议决策，部落组织对内具有保护功能，对外则负有与其他部落保持联络的责任，是一个同地域联盟共利的团体。

赛德克也拥有与泰雅族群类似的兼有宗教和互助性质的"嘎嘎"团体，只是赛德克语称之为"嘎呀"。赛德克的嘎呀成员几乎都属同一部落，有共同从事祭祀、协助参与复仇、集体分摊赔偿的义务，而且"嘎呀"也可解释为部落的习惯法或传统禁忌。

十、赛夏

赛夏，意指人。赛夏族群居住在新竹县五峰乡和苗栗县南庄乡、狮潭乡，是台湾少数民族中人口数排名第十的族群。根据赛夏口传历史，祖先是从"乌比喃布嶒"大霸尖山发祥地下山，顺着溪流四处迁徙，大约在 400 多年前，北起桃园、南达苗栗的丘陵及海边，都曾经有赛夏的部落。后来赛夏人口因为争战而迅速减少。据 1906 年的人口统计，赛夏只剩下了 737 人。

赛夏实行严格的父系社会和极严谨的姓氏社会组织，实行"长老共议制"。家族以男性最年长者为尊长，地位崇高，女性地位低微，寡妇或离婚的妇女必须重返娘家，离婚妇女的儿女则属于夫家。历史上，赛夏女儿一旦嫁给平地人，就丧失了族人身份，即使日后归来，也不能与本族群的人共食或同居一宅。

∧ 纹面的赛德克老人在织布

　　赛夏岁时祭仪，由每个姓氏家族执掌不同的祭典，如：矮灵祭、祈天祭、姓氏祖灵祭、敌首祭等，都是赛夏人依循着祖先流传下来的传统与岁时祭仪所举行的祭典，仍保留了原始模式的祖灵禁忌和巫术，因而也是台湾少数民族祭典仪式中保存最为传统和完整的祭祀活动。

第四节　民间传说

　　台湾的民间传说，大部分是将大陆之民间传说完整的移植过来，世世相传。不少是以大陆的民间传说，特别是以福建的民间传说为其原型，加以本地的自然风物、历史事实、民情风俗改编而成。

我爱台湾

知识小百科

赛夏族矮灵祭

　　矮灵祭是赛夏族所有祭典中，最神秘，也最吸引人的祭典，每两年举办一次，祭典带有向矮灵赎罪及欢愉的意涵。矮灵祭的意义，在传统上，是祭祀矮灵，在现代是赛夏族家族团聚的重要日子。向天湖的矮灵祭，一连举办三天，许多族人在祭场周遭，搭设简易帐棚，准备彻夜祭舞跳累了，能有一个休息的地方。在矮灵祭中，参加祭典者绑上芒草，有着祈福避凶的意义，也成为一种特有的标记。当祭歌在会场缓缓吟唱，祭典开端，族人必须身着盛装，以交叉牵手方式，缓缓围成圆形，摆动身躯跳舞。另一边，背负臀铃的族人，摆动身躯摇动节奏，引领队伍行进，是祭典中唯一的乐器。当祭歌吟唱到一定段落，代表各姓氏家族的舞帽，由各家族男子背负进场，开端不断绕场跑动，进行祭典仪式。矮灵祭典的整个程序，分有请灵、娱灵、送灵等阶段，每天从傍晚开端，舞蹈到隔日凌晨。矮灵祭持续进行，急速的冲撞，让祭典带来欢愉的高潮，不同的舞蹈型式，有着不同的意义。

矮灵祭 >

　　　　　　　　　源远流长——台湾民俗风情

一、埋金传说

打鼓山，又称麒麟山，位于高雄市鼓山区。《台湾府志》云："相传道乾有妹，埋金山上。"据传：当明末海盗头目林道乾被官府逮捕时，其妹将其所有之大量黄金悉数埋在此山上。可惜其妹由于悲伤过度而哭死，后来便无人知道黄金之踪迹。此一传说在屏东县车城乡、狮子乡、台北金山乡等地亦有流传。按埋金传说之原型，在大陆各省，到处皆有。就福建而言，省城福州就流传着闽王王审知埋藏金银财宝于王墓山之传说。

二、望夫传说

台南市安平区附近海滨，处处点缀野生之林投。林投，又作菻荼，番语。树高及丈，直干无枝，叶簇生，长四五米，刺利，列如锯齿。入夜远望之，宛如女鬼披发站立海边，使人毛骨悚然。当地民间乃流传"林投姊"之传说，略谓：往昔安平附近有一女子，每日站在海边等待，但其丈夫始终未见回来。该女子终于哭死于一棵林投树下。因其怨魂不散，成披发之女鬼，以致物情骚然惊相传播。福建、广东沿海，因山多田少，地瘠人稠，居民向多谋生海外，其妻妾常在海边等待丈夫回来，于是处处皆有望夫石、望夫台等之传说。台湾"林投姊"之传说，无非是福建、广东沿海望夫石传说之翻版。

三、皇帝微行传说

云林县口湖乡之沿海，盛传乾隆君游台湾，嘉义县、台南县之嘉南平野，

我爱台湾

又传嘉庆君游台湾等传说，地方父老，言之凿凿。按我国东南、华南沿海，向有明正德帝微行之传说。江浙之"梅龙镇"、福建之"正德帝吃鸡"等便是。台湾之乾隆、嘉庆微行传说，皆以大陆上明正德帝微行传说为原型，加上本地之历史条件而成。前者当为后者之翻版而已。

四、神仙传说

林投>

台北市北投区复兴岗东方之圆仔汤岭，绝顶有一小湖。相传，古时住有一位神仙。此仙意欲招来一老实人为其徒弟，便化装为一卖汤圆之老翁，立于岭顶叫卖，谓吃一碗两文钱，吃两碗则仅需一文钱。大多数之路人皆争先恐后地前往，付了一文钱而吃两碗汤圆。后有一年轻人见了此一情形，颇觉不公平，便付了两文钱，吃了一碗。卖汤圆之老翁，于是便现出其神仙之原形，告诉这青年其本意，赞其老实而收之为徒弟。传说中此神仙之汤圆是用岭上之泥土搓成的，因此，岭上呈现一土坑，经天雨积水，遂成前述之小湖。此一传说，当是以湖北黄鹤楼之传说为其原型，略加修改，润饰而成的。

五、足迹传说

台北市景美区之景美山，山顶有一仙迹岩，大岩石上，有一大足印。相传为古时一神仙下到此处之足迹。近年在岩下，建了一庙，供祀吕洞宾，称为仙迹岩仙公庙。此种足迹传说，在大陆各省到处皆有。就福建而言，省城福州郊外之鼓山，有一罗汉台，大岩石上有二三足迹，相传为古时十八罗汉来游鼓山之踪迹。

六、地道传说

基隆市首屈一指之名胜仙洞，除洞内供祀观世音菩萨之外，留有许多清同治年间之石碣，具有神秘之感。民间传说，洞里往昔住有神仙，又传，此洞有一地道，直通淡水港。台南市最著名之古迹，乃是明末荷兰人所筑热兰遮城（又称红毛成、赤嵌城、台湾城）和普罗民遮城（又称赤嵌楼）。

两城相距四公里，相传有一海底地道相通。世界上之各民族，都流传有此类地道传说。

七、风水传说

台南县麻豆镇郭宅，称为本省现存最古住宅建筑之一。相传：在清康

仙迹岩足印 >

熙年间，麻豆某人得到地理师的指点，于一风水极佳之处建立房舍，顿成此地的首富。不久，该地理师成了瞎子，富翁感念其旧恩，便邀之住于其家中，并答应每餐供给他所喜吃之羊肉。开始时彼此相安无事。某日，富翁欺其眼瞎，将粪坑淹死之羊的羊肉烹煮供他食用。地理师知悉，心中愤然。

<基隆仙洞

数日后，便告诉富翁说，其门前之池塘，有害风水，劝富翁将之改为果园，富翁听从。自此，该家族便接二连三地遭遇不幸，逐渐没落。此为一个具有典型性的风水传说。台北市大同区大龙峒有传：该地富豪港垅的陈家（陈悦记），是因在蛤蟆穴的风水上建筑其住宅而发迹。台中县雾峰乡顶厝的派下，因在蚂蚁穴上建造祖墓而致富。这些传说，都是大陆上风水传说的翻版。按风水说，为我国固有，在世界上其它各民族之间，少有类似之事例。

八、石像传说

台北市松山区三张犁，开发极早。相传：该地某富翁住宅门前之一对石狮子，多年受日月精华，变成妖精，每到深夜便双双步行街上，危害人畜。后来有人将此一对狮子，移置于派出所门前，妖精始不敢作怪。台北市士林区芝山岩，古树参天，风景幽美，清乾隆年间，居民建一芝山岩庙，供祀开漳圣王。庙外有一石马，亦多年受日月精华而变成妖精，每到深夜，步行下山，偷吃稻谷。至近年人烟稠密后，妖精始不再作祟，附近地方才

我爱台湾

得以平静。石像变成妖精的传说，大陆上到处皆有。尤其在台湾居民之祖籍福建、广东，其原型传说流传很多。

九、英雄传说

　　台湾有不少英雄事迹的传说，有关郑成功的传说，最为突出。郑成功于明永历十五年（1861 年）克复台湾，不久赍志长殁。台湾中北部各地，都未曾亲至。但这些地方偏多郑成功的传说。台中县大甲镇的铁砧山，有一国姓井。相传：往昔，郑国姓率军经过大甲，将宝剑插在山上，地中立即涌出泉水，解决了行旅缺水的困难。泉水出处，便是今日的国姓井。嘉义县水上乡尖山之顶，有一正方形的大石，即为台湾开山之祖颜思齐之墓碑，碑上并无刻文，仅于其中央刻有一道直线。相传：往昔，郑国姓收复台湾后，立即往拜颜墓。见其碑上并无文字，为日后辨认起见，便用其宝剑在碑上刻划一道直线。此即为今日所见墓碑上的刻痕。此种英雄宝剑传

芝山岩临门 >

　　　　　　　　　　　　　　　源远流长——台湾民俗风情

说，在大陆上颇多其原型。

在台湾北部，有关郑成功除暴安良、殖产兴业的传说，种类最多，而且流传得非常普遍。相传：今台北县莺歌镇的莺哥石、三峡镇的肉鸢山、台北市北投区的猪哥石、基隆市的莺哥石等许多巨石，本来都是多年受日月精华所变成的妖精，危害人畜，荼毒乡里。幸有郑国姓到其地，用大炮将它们打死，如今只剩下几块奇岩怪石而已。在台湾北部，有关郑成功殖产兴业的传说尤多。台北县三峡镇、新店镇、桃园县大溪镇，在往日都盛产鱼，据当地的传说，是由于郑国姓自福建带来鱼苗，发给当地居民饲养，然后才有鱼的出产。台北县金山乡、万里乡，从前出产蛤蜊，以美味而著称。相传最初也是郑国姓由福建带给当地居民饲养，然后才日渐繁殖的。以上

∧ 剑井又名国姓井

两种传说，当是以大陆上有关除暴安良、殖产兴业的传说为其蓝本，加以本地之郑成功崇拜，润饰而成的。至于巨石变精一节，在台湾居民之祖籍福建、广东，颇多其原型传说。

  台湾南部是郑成功实地住过的地方。在这里有关郑成功的传说，神奇色彩较为淡薄，且多叙述英雄末路，而富有悲剧性。台南地方有传：郑成功初到台湾时，台湾没有老虎。他为想将其延平郡王地位传给子孙，世代相继，便自暹罗国运来雌雄老虎各一只，放至山中，以便繁殖。可惜这两只老虎都被土著打死，郑氏也传了三世，便投降了清朝。又传台湾岛上，原有许多龙脉，康熙皇帝忧虑郑氏利用龙脉来恢复明室，便重金礼聘一地理师，将台湾的龙脉损毁殆尽。因此明祀终于断绝。台南市安平区也传，明永历年间某夜，当地居民同时皆梦见一全身穿戴白色盔甲魁梧的武将，脚踏鲸鱼背上，从鹿耳门出海而去。果然，于翌晨，从王城（即荷兰人所筑热兰遮城，后为郑氏馆邸，今称为安平古堡）传出，国姓爷于前夜逝世。以上各种传说，当是以大陆上之英雄传说为蓝本，加以民间俗信而成。

第五节　歌舞民谣

  勤劳勇敢的宝岛台湾少数民族，是我国统一的多民族大家庭中亲密不可分割的成员，有着优秀的文化艺术传统，其歌舞民谣特色鲜明。

一、歌舞

台湾少数民族能歌善舞，有关劳动、爱情和理想中的古代英雄人物的歌舞，表现了民族的勇武、青年的爱恋和收获的喜悦，是日常生活的最大乐趣，富有浪漫主义色彩。

少数民族歌舞多姿多彩，有丰年舞、狩猎舞、迎亲舞、月下美人舞等，也有表现狩猎和渔捞习性的歌舞。每逢节日或收获季节举行收获祭时，男女数人或数十人身穿华美的服装，携手围成圆圈，或男女分成两队，一进一退载歌载舞，庆祝丰收。

少数民族歌舞一般以集体群舞为主，大家手挽手，围成一个大圆圈，或者排成横列，起舞时，由一个人领唱，众人和唱，并伴着调子左右移步，或前进或后退，反复表演。

少数民族歌舞的服饰很别致动人。男人多数戴冠，冠上插羽毛，胸前披挂着一条红色花纹的衣挂，有的赤着上身，显得英武健壮；女人的发髻上则插着各种显眼的簪饰和花朵，衣服以黑色衬红为主，腰围、衣裙、足腕上挂着铿锵作响的铃铛，配着音乐起舞时，真是声色并茂。

少数民族乐器主要有嘴琴、竹笛、鼻笛和弓琴。嘴琴用竹削成薄片，中央开一细长的小孔，孔的一端镶上极薄的铜舌，竹片的右端结着线绳，左手将凸面放在口上，右手轻轻地拉动线绳震动铜舌，便发现嘣嘣音，和呼吸配合起来即成音律。鼻笛是将长约37.8厘米的两根竹笛绑在一起，用鼻孔吹的乐器，这种乐器在曹人地区很流行。弓琴形状像胡弓，弓弦用月桃的纤维制成，左手握紧下端，右手的拇指拨弄开弓弦，便发出音律来。

杵乐是具有少数民族独特风格的音乐、舞蹈，尤其以日月潭附近邵族的杵乐最著名。每到日月潭月明星光的夜晚，妇女们便三三两两地聚在门前的石臼旁，手执长杵捣米，一上一下，发出铿铿锵锵的声音，还有清脆悦耳的歌声，随风在湖上荡漾，美妙动人。

鼻笛表演>

　　在卑南人、阿美人中，歌舞是少男少女步入成年行列不可缺少的条件。他们用爽朗明快的歌声，配以豪放的舞蹈，表现本民族奋发向上的精神。泰雅人有一种叫"目萨利波"的歌舞，男人携手围成一圆圈，唱一段乐曲，跳跃一次；女人绕在外围，吹嘴琴，摇摆身躯，双脚微动。

　　阿美人喜欢歌舞，每逢重大庆典，有成千人的大规模集体舞表演。他们的歌舞多姿多彩，丰年舞、狩猎舞、祭神舞、祈雨舞、迎宾舞、槟榔树下舞、月下美人舞……表演形式既有千百人或数十人的集体舞蹈，也有一对对情侣合演的舞蹈，还有独舞，或粗犷、或优美、或刚健、或娇柔。阿美族少女面貌姣好，她们在全台各地演出，受到热烈欢迎，十分轰动。

　　阿美族的丰年祭在9月份举行。尔后进行歌舞表演，10个平地乡镇市都精选120人组成的歌舞队参加演出。他们表演的节目有追源、祈神、狩猎、迎宾、狂欢、捕鱼、求雨、招亲、农耕、庆丰年等。山歌嘹亮粗犷，舞姿刚健婀娜，吸引了众多宾客。歌舞大会的重点节目是由阿美族文化村女山胞主持的，"大家来跳舞"活动让人盛情难却，来宾们也一一穿戴上阿美族服装和山胞们同歌共舞，欢度丰年祭。

　　赛夏族在"矮灵祭"期间要唱30多首祭歌，每句七个音节，歌词押韵完美，旋律十分动听。其歌或乐或怨，或优美，或伤感，艺术水平之高，是台湾"高山九族"音乐中难得的佳作。

曹族举行丰年祭，族长用唱歌方式询问各氏族历史及祖先故事，被问者亦以唱歌形式回答。接着是"送神"，广场上的男子排成半月形，在主祭者带领下唱送神歌。歌毕，一位代表全族女性的美丽少女手持火把进入广场，将火把投入熊熊火堆，即加入男子的歌舞行列。于是所有妇女皆入场参加舞蹈，半圆形的舞队变成圆形，整个广场洋溢着欢乐的气氛。

二、民谣

台湾民谣大约在 16 世纪初随闽南移民传入台湾。台湾民谣基本上具备下列三个要素：台湾风，指必须附有台湾的本土气质和传统精神；民俗性，指必须是民众的集体创作，且具有在民间流传久远，沿袭成性的事实；歌谣，指必须是可咏唱的歌或念诵的谣，不包括仅用于演奏的乐曲。"台湾民谣"指的是：由民众集体创作，作者无可考，在台湾民间流传久远，具有本土气质和传统精神，而可用以咏唱或念诵的歌谣。

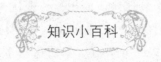

知识小百科

阿美人舞蹈的传说

相传很久以前，阿美人只会唱歌，不会跳舞。部落里有个叫凯兰的姑娘，她的歌声很美、很动听，能唤起百鸟和鸣，能冲开乌云见太阳，能驱散乡亲们心头的烦愁。部落里的男女老少都喜欢她。凯兰喜欢唱歌喜欢笑，却不会跳舞。一天，凯兰到深山里割了一担藤，来到一片槟榔林里歇息并唱起歌来："天上有金色的太阳，

金色的阳光把槟榔树照亮；小朵朵的花儿缠着青藤，美丽的花儿开在我心上……"
她唱着唱着，看见一棵棵槟榔树那浓密的树叶也在风中"沙宁宁、沙宁宁"地鸣响着，
很像一个个婀娜多姿的姑娘正在唱歌跳舞。凯兰望着风中的槟榔树的动作，不禁手
舞足蹈起来，她一会儿踢踢脚一会儿摆摆手，步子忽前忽后，身子一俯一仰，歌声
和动作配合得那么默契，把心里那股说不出的兴头全都表现出来了。这时，正好部
落的头人走过来，连声喝彩，又问这歌舞是从哪儿学的。凯兰回答道："尊敬的头人，
我唱歌是跟小鸟学的，跳舞是向槟榔树学的。"头人一听，就叫凯兰教姑娘们唱歌跳舞，
让大家快快乐乐的。以后，每当月亮升起来的时候，姑娘们就到槟榔树林里来，凯
兰教她们模仿槟榔树随风摇摆的动作，边唱歌，边跳舞，歌声优美，舞姿婆娑。就这样，
阿美人有了自己的舞蹈，直到现在，阿美人舞蹈中的动作还总是忽左忽右、上下起伏，
和风中的槟榔树一模一样。

阿美女快乐舞蹈 >

　　一般而言，包括"传统自然民谣"、"创作民谣"与"流行歌曲"三
类。是经由代代口授相传下来，具有民族或乡土性的歌谣。而创作民谣，
另称乡土歌谣是作曲家撷取传统自然民谣的风格和精神，所谱创之富有乡
土风味的歌谣。"台湾民俗歌谣"，基本上应可包涵古老自然民谣及富有

浓郁台湾乡土气息的创作歌谣。台湾民谣依歌词内容为分类标准，大致可分成下列几类：

家庭伦理类。农业社会时期，台湾沿袭中国旧制，以农历夜，以大家庭为生活圈。家庭组织里，长幼有序，孝敬长辈，夫妇恩爱，传宗接代，培育子孙。此期间必然会产生许多叙述彼此相处情境的歌谣。如"病子歌"、"做人的媳妇"、"满月歌"等。

工作类。人们上山打猎、砍柴、出海捕鱼、下田耕作等进行各种劳动或职业上的工作时，常寓音乐于工作中，自然产生与工作有关，藉以增进效率并消除疲惫，或抒发工作忧怨的歌谣。如"耕农歌"、"采茶歌"、"牛犁歌"、"乞食调"、"江湖卖膏药"等。

爱情类。爱情是古今中外必然存在于男女之间的特殊默契。沐浴爱河中的男女，都会有一种向对方倾诉心声的冲动，这些传送心语的歌谣就是爱情民谣。这种情歌在台湾民谣中所占的比例相当大，诸如"六月茉莉"、"桃花过渡"、"相褒歌"、"爱情哭调仔"等等。

祭祀类。台湾的祭祀习俗沿袭中国传统制度，在农业社会时以虔诚的敬心，来祈求风调雨顺五谷丰收，平安吉祥，多福多寿。另外，敬拜祖先是民间的优良传统，家家户户每每于长辈先逝或庆典节日，都会有祭祖仪式。这种祭祀时所用的歌谣，如"道士调"、"牵亡歌"、"抽签卜卦调"、"哭丧调"等属于这一类。

叙述类。台湾的叙述民谣，大致分成"叙事"、"叙物"、"叙史"、"叙人"等四类。"叙事"民谣，在于针对社会现象之良痞，加以褒贬。如劝诫酒色的"修成正果歌"，民间贬恶善的"劝世歌"，讽刺日本人的"人插花、你插草"等均是。"叙物"民谣则在描述日、月、山、穿、动植物、地方、器具、自然景致等，如"台北调"、"台湾地名歌"、"台湾产物歌"、"时令歌"等。"叙史"民谣指的是叙述历史故事和民间传奇的民俗歌谣如：生性凶恶蛮悍的蔡牵，于海上作乱时，南部流传着"你较野蔡牵"之民谣。此外，"郑成功开台湾"、"陈三五娘"及"雪梅思君"等

我爱台湾

均属这一类。"叙人"民谣则以人为对象，这类的民谣不多，如"阿艺娟，真正贤"、"黑面祖师公"等。

童谣类。指的是儿童生活中用以哼唱的歌谣。就内涵和意识上而言，童谣的想象，意趣均异于普通民谣，宜另归类。台湾童谣依其内容之不同又可成游戏歌、幻想歌、摇篮歌、趣味歌、叙述歌等类。

台湾民谣乃秉着中华民族渊源的艺术文化，是奠定民族自信心，自尊心与自决心的依托之所在，更是激发爱乡爱社会、爱国家、爱民族的精神之所在。学术界已公认，台湾话不仅有甚多汉朝古语，还保留不少周朝雅言，更是唐代的官话。以台语为主的台湾民谣，有着中华传统、中原华胄文化的内涵和精神，是值得我们去研究、探讨、并吸取其精华的文化财产之一。

第六节 特色夜市

无论台北、台中、台南甚至是台东，由北部到南部，台湾每个城市几乎都有红火的夜市，那无疑是台湾文化的缩影，在夜市中不但供应各式小吃，还有各样珍奇货品，如衣服、书包、鞋子、工艺品、铁器，还有一些小游戏等，在那里能让人找到浓郁的地方特色与地道的乡土原味，真切地融入到普通的台湾社会中。

一 台北

台北号称有"十大夜市"，分别是士林夜市、公馆夜市、华西街夜市、师大夜市、饶河街夜市、通化街夜市、辽宁街夜市、景美夜市、宁夏街夜市和台北桥夜市。而实际上，台北夜市之多，人气之旺，远远超过人们的想象，而且越夜越美丽。

士林夜市。士林夜市是台北最著名、也最平民化的夜市去处，夜市可分两大部分，一是慈诚宫对面的市场小吃；一是以阳明戏院为中心，包括安平街、大东路、文林路围成的区域。南北小吃、流行服饰、杂货、加上如织的人潮，溢散着热闹滚滚的气息。随着知名度远播，士林夜市的腹地更扩及基河路一带，活动范围延伸到台北海洋生活馆一带。身为忙碌的都会人，不妨找个夜晚到士林夜市品尝小吃、逛地摊，在人群簇拥中，享受一场属于常民欢乐的夜之旅。

饶河街夜市。台湾最亲民的夜市。饶河街夜市全长约六百公尺，位于抚远街与松山火车前的入口处，各设有一座灯火璀璨的牌楼，由牌楼处开始进入无寸步空隙的夜市区。饶河街夜市之一，以定期举办传统技艺表演

<人潮汹涌的士林夜市

我爱台湾

而闻名，目前有证摊贩共计有一百四十余家，而两侧商店及骑楼下的摊贩不计其数。因此来到此地的人，无论采买服饰、生活用品或吃喝玩乐，绝对能尽其所欲。药炖排骨是夜市里名气最响亮的小吃。许多家老字号商店，至今仍保有盛名。

　　辽宁街夜市。邻近复兴北路中兴百货商圈，又有中兴高中、中山女高在附近，辽宁夜市虽然不大，却能吸引大批的食客前来。这里多的是经营数年乃至数十年的老摊位，以碳烤海鲜为大宗，另外鹅肉、蚵仔煎、肉圆、虱目鱼粥、串烧、红心粉圆等都令人食指大动。这里的小吃店常上媒体，例如上过王家卫电影《春光乍泄》的"北海道活鱿鱼"，可见这个夜市的小吃名气不小。夜市旁巷子里还有许多气氛宁谧的咖啡馆，有文艺界人士聚集的场所，也有喜欢攀岩的老板开设的小胡子餐厅等。

二、台中

∧ 饶河街夜市

　　　　　　　　　　　　　　　　　　源远流长——台湾民俗风情

位居台湾地理与交通枢纽的台中市是个四季如春的都市，也是西部走廊南来北往的转运站和各地美食的大熔炉，集南来北往的小吃精华于一身。中华、忠孝两大夜市为早期的平民夜市，现在有些没落；如今，年轻化的学生商圈，成为台中夜市的一支生力军，因此，紧邻学校区域的逢甲夜市、一中夜市、东海夜市，是现今名头正"旺"的当红夜市。

　　逢甲夜市。逢甲夜市位于台中市西屯区以文华路，福星路，逢甲路为主，是全台湾最大且著名的观光夜市，逢甲夜市的消费以"俗搁大碗"为最吸引各路爱好夜市的民众，若遇假日其人潮更是让逢甲夜市主干道塞得水泄不通。逢甲夜市以新奇又有趣的小吃闻名，成为创新小吃的原始地，例如逢甲四合一、蜂蜜柠檬芦荟、可丽饼、胡椒饼等等，都是由逢甲夜市发源。

　　逢甲夜市号称全台人潮最多、小吃最多，且是多种小吃发源地，地位可想而知。到台中，一定要来见识台中人引以为傲的超大夜市！逢甲夜市一到傍晚，各式小吃灯火辉煌、香气飘动，聚集人潮热闹。

三、台东

<逢甲夜市

台东因地处偏远、开发较晚，向有台湾的后山之称，尽管如此，台东的地方小吃却从不落"后"，代表性小吃不少。早年，台东市知名的小吃多以摊贩的形式，集中于福建路、光明路、宝桑路、四维路一带，尤以前三者临近台东车站，发展最早亦最繁荣。仁爱国小、广东路所夹的四维路一带，另有一座"假日夜市"，从下午5、6点开始摆摊，便见民众陆续涌入，或从容悠闲地逛街购物，或一家老小全员出动大打牙祭，热闹非常。

　　花莲自强夜市。在花莲市区，自强路与和平路的交会口。外地客较少寻味到此，但对花莲人而言，这儿是吃宵夜的好所在，便宜、好吃、选择多。夜市里有两大摊，是每夜必排长龙的人气店。越夜越热闹。晚上八九点就会有一批人潮涌进夜市，甚至到了深夜11～12点，也还会有一批吃宵夜的人潮。夜市中每个摊位的经营者都是亲切又富人情味的当地人，不仅提供美味小吃，也提供游客旅游资讯，呈现当地人的乐天与热情。

∧ 花莲自强夜市的美味小吃

　　　　　　　　　　　　　　　源远流长——台湾民俗风情

四、台南

夜市，几乎可说是台南在地文化的代名词之一。吃的、喝的、玩的、用的，在这里一应俱全，因此夜市成为许多台南人晚上休闲的好所在。台南夜市著名的有花园夜市、大东夜市、小北夜市商场、小北成功夜市和武圣夜市等大大小小不等的夜市，可以说是从星期日到星期一，台南人天天都有夜市逛。

花园夜市。台南夜市占地规模、摊位数量最多,同时也是最具指标性的,莫过于花园夜市。花园夜市热闹拥挤，"寸步难行"，虽然人多，但也突显了"花园夜市"丝毫不输士林夜市的超人气。"花园夜市"只有每周的四、六、日才有摊位聚集，三四百家的各式小吃美食、生活用品摊位齐聚于此，热闹程度宛如不夜城，渐渐形成全台南最有名气的夜市。

每到星期四、六、日，上百家各式各样的摊位约在下午 5、6 点开始陆续进驻，约从晚上 7 点多到凌晨 12 点，为花园夜市人潮的巅峰时段。人山人海的人潮在这时候顿时涌现，这时段也是许多民众大快朵颐、疯狂玩乐的时间。

第七节　风味饮食

民以食为天，食是一种文化，台湾也不例外。称台湾为"美食岛"，或者说"食在台湾"，都不过分。台湾物产丰饶，民间讲究饮食之风特盛。全岛共拥有餐馆约 10 万家，饮食摊位 25 万家，走在台湾大小城市的街头

巷尾，餐馆、小食店一家挨一家，各具风味。

一、饮食特色

第一，台湾的饮食传统源于闽粤，但有变化，具有台湾本身的地方风味。例如闽南著名风味小吃"蠔仔煎"，在闽南是以地瓜粉调蠔仔和蒜叶丝煎成。食前蘸辣酱或姜醋，通常是冬蠔盛时上市。而台湾的"蠔仔煎"常年皆有，以地瓜粉和蠔仔为主料，配料陈蒜叶丝外，尚有韭菜、葱或其他叶类菜。食前佐以辣酱、姜醋、沙茶、咖喱、花生酱等。又如粤民有食蛇者，闽人有食鼠者，而台湾民间鼠蛇皆吃，且创造出别具特色的鼠蛇菜馆，比闽粤更胜一筹。

第二，台湾风味小吃特别多。大陆各省有的，台湾无不具备，而且有许多独具台湾乡土特色的小吃食品；诸如饮料类的木瓜牛奶、爱玉冰、泡泡水、芋头冰等；糕饼类的金螺、银稞、大红色"米糕"等；面食类的度小月面、鳝鱼面等；肉品类的贡丸、山河肉、"棺材饭"等；海鲜类的炒生螺、炒九孔、西施舌、龙虾火锅以及彰化肉圆、基隆甜不辣、新竹贡丸；台南鼎边超；滋补类的四神汤、当归鸭等，无不有其独特风味和乡土气息。

值得一提的是，台湾各地包括各个小镇都有名小吃，台湾人对此津津乐道。比如，桃园大溪有豆干，台北淡水有鱼丸、阿婆铁蛋和阿给，台北县永和市则有正宗的永和豆浆，新竹县市有贡丸和米粉，嘉义有鸡肉饭，南投有绍兴酒做的米糕，台中有太阳饼和阿水狮的猪脚……真是应有尽有。

∧台湾美食"棺材饭"

至于蚵仔面线、炒花枝、菜脯蛋、鱼羹、担仔面等，差不多全台湾的每个小店都有。

第三，台湾食品中以米制品居多，且以甜为特色。台湾是中国著名的"米仓"，各种米制品特别多，如粿、糕、糍、粽、饭、丸、卷等，其名目不下百种。台湾的糕粿店也很多，各店都有自己的祖传秘法，精制各类"招牌糕粿"以招徕顾客。由于台湾产糖多，故台湾食品向有"甜"的特色。宴席上的珍馐佳肴多有加糖者，如"炸鸡卷"上席，盘上心撒少许白糖，菜心肉丝蛋汤也必加糖。至于小店食品，则是甜品多、蜜饯多，即使是汤品亦然。

第四，小吃集中在夜市。台湾小吃众多，多集中在夜市，而夜市亦星罗棋布般分布在台湾各地，台南的花园夜市一定要去，号称全台最好玩的夜市，各地夜市都有特色。夜市是台湾观光的一大特色，夜市小吃基本上

我爱台湾

也是台湾庶民饮食文化的缩影，如：蚵仔煎、大肠面线、猪血汤、臭豆腐、炒米粉、猪脚、甜不辣、担仔面、润饼、烧仙草、贡丸汤、鱼丸汤、筒仔米糕、花枝羹、肉圆、卤肉饭、鸡肉饭等具代表性的台湾小吃，在夜市大多都能吃到，价格也很平民化，此外，夜市内也充斥当地特产，各有不同特色与风味。透过行走夜市，游客可以加深对地方文化与人文典故的认识。

二、"十大名小吃"

台湾小吃闻名世界，散落在民间的小吃成千上万，"十大小吃"是一种传统的称法，因为它们最能体现台湾饮食的特点。台湾汇聚着来自中国

∧ 红龟糕

各地的人们，他们带来家乡的饮食，与当地食物和烹调相结合后，发展出独特的小吃料理。如刈包源自福州当地的虎咬猪，台南担仔面是福州漳州口味，臭豆腐则源自湖南。另外，台湾饮食还深受西方影响，珍珠奶茶就是西方饮食和中华饮食的结合体。

1. 蚵仔煎

郑成功攻打台湾，在缺粮的情况下，士兵就地取材，以蚵仔、番薯粉混合煎成饼做粮食，后流传为著名小吃。风味首要条件是采用新鲜蚵仔，台南安平、嘉义东石、屏东东港的最好。其次是要纯番薯粉。鸡蛋的选用也很讲究，一般用土鸡蛋。冬天搭配茼蒿，夏天搭配小白菜，用猪油煎，口味甜中带咸、咸中带辣。

2. 米汤粉

与台湾盛产大米有关，以米磨成粉后制成。手艺传自福建。风味热呼呼的汤汁，咕噜咕噜入喉而下的滑润米粉，造就了它朴实清爽、不造作的鲜甜滋味。浸泡在粗粗短短的米粉里的材料，是猪内脏和小菜。

＜蚵仔煎

我爱台湾

3. 生煎包

源自上海灌汤包，经小摊、夜市发展为具有台湾风味的小吃。风味一般分两种口味。鲜肉口味大多以猪后腿肉拌高丽菜做成馅；另一种为纯粹的蔬菜口味，以高丽菜和韭菜做馅，以粉丝辅助。包身松软，吃时有鲜汁流出。

4. 肉圆

台湾庙会特制的贡品。风味外皮以番薯粉制成，馅料则以瘦肉、香菇、笋角为主，以甜、辣酱做蘸汁。分油炸和清蒸两种。油炸气味芬芳，清蒸口感清爽。

5. 鱿鱼羹

源自福建，"善制海鲜，每每羹汤"，后传入台湾。风味所用鱿鱼，系将生鱿经太阳曝晒或烘干去掉水分制成。汤底用大滑汤，配料有醋、蒜泥、辣椒酱。具有咸、甜、芬芳三重滋味。

6. 刈包

源自福州，经演变成著名小吃。风味吃法像汉堡。在馒头皮上夹肉料、酸菜、香菜、花生粉、甜辣酱或山海酱进食。

7. 担仔面

早期由老板挑着碗筷与锅子到处叫卖，半蹲式地坐在小凳上吃面，成了担仔面的早期印象。风味其做法是先以热水烫碗，然后在碗里装少许煲热的面，加上肉臊、鲜虾，淋上虾膏汤，佐以黑醋、胡椒、香菜、蔬菜，新鲜迷人，滋味芳香。

8. 臭豆腐

由大陆传入台湾，经改良，形成炸臭豆腐和麻辣臭豆腐两种风味。风味炸臭豆腐炸至外皮金黄酥脆，淋上酱油、蒜泥、香油及辣椒酱，配泡菜吃；麻辣臭豆腐是将臭豆腐搭配鸭血、大肠、麻辣酱等配料，然后丢入大骨汤里烧煮，起锅后加上青葱、香菜、酸菜、泡菜进食。

9. 大肠面线

源自台湾早期农业社会，是当时的主妇煮给农耕者的面食。为了便利

< 大肠面线

多人享受，通常煮成一大锅，并丢入蚵仔以增加营养，后流传到各地，人们加入了大肠、肉羹等材料。风味无论是黄面线或红面线，烹调大肠面线都以手工制作最能凸现美味，因手工独有的揉、拉、搓、甩等过程，使面煮起来不易烂、入味、有咬劲。另外，头汤也是构成美味的重要一环，头汤用猪大骨汤，材料可加入蚵仔、大肠、小贡丸、竹笋、酸菜等。

10. 珍珠奶茶

追溯它的起源，首先从泡红茶说起。台湾"春水堂"的甘侯将热茶冷饮化，1983年创出泡沫红茶。五年后，"春水堂"的同仁突发奇想，将地方小吃"圆粉"加入红茶，将其命名为"珍珠奶茶"。风味同时具有饮料和点心的功能。茶叶的选用十分重要，须用品质稳定的茶叶。茶、奶的浓度比以4：6为最佳。粉圆要略韧，其次水质、糖、冰块的比例也会影响到茶的风味。

第八节　台湾茶艺

　　根据文献记载，茶在台湾的出现，最早应可追溯至 17 世纪以前，少数民族便已有采野生山茶制茶饮用的习惯。但真正整体茶业的兴盛，则主要还是 18、19 世纪间，由来自中国的移民如柯朝、林凤池、张乃妙与张乃乾兄弟等从福建一带逐步引进茶苗与技术，于台湾北部瑞芳、木栅与中部鹿谷冻顶山一带辟园植茶、制茶。之后，19 世纪中叶，来自英国的茶商约翰杜德的宝顺洋行首度将台湾乌龙茶引介至海外并获得巨大成功与口碑後，正式展开了台湾百余年以外销为主的制茶史。

　　台湾茶从乌龙茶、白毫乌龙茶（东方美人茶）、包种茶、包种花茶不断变化，以迎合海外市场的需求。日治时期，在日本当局与茶商三井公司的刻意培植下，更从印度阿萨姆引进茶树与制茶技术，大规模发展红茶产业。至 1930 年代，红茶正式超越乌龙茶，成为台湾茶业主要重心之一。二次世界大战后，红茶市场衰退，业者再先后引进中国绿茶以及日本绿茶技术，开始生产绿茶与煎茶以供外销。直到 1970 ~ 80 年间，外销萎缩，台湾茶尝试转型为内销，并举办茶比赛与各种推广活动，带动全民饮茶风

台湾茶艺 >

气，也使球型乌龙茶以及近年来的高山茶蔚成台湾茶主流。随着台湾经济与生活水准提高，人们对于生活与饮食享乐有了新的探究与追求兴趣，于是各地"茶艺馆"纷纷成立，成为人们游憩生活里很重要的品茗空间。

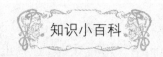

知识小百科

冻顶茶

据说台湾乌龙茶是一位叫林凤池的台湾人从福建武夷山把茶苗带到台湾种植而发展起来的。林凤池是一个有志气的青年，有一年，他想去参加福建的科举考试，可是家穷没路费。乡亲们得知后给他捐助凑足了路费。临行时，乡亲们对他说："到了福建，可要向咱祖家的乡亲们问好，说咱们台湾乡亲十分怀念他们。"还交代说："考上了，以后要再来台湾，别忘了这是你的出生故里呵。"林凤池学问好，考中了举人，几年后决定要回台湾探亲，觉得福建武夷山的乌龙茶有名，就要了36颗乌龙茶苗作为礼物带回台湾，种在南投县鹿谷乡的冻顶山上。经过乡亲们的精心培育繁殖，建成了一片茶园，采制的台湾乌龙茶清香可口。后来林凤池奉旨晋京，把这种台湾乌龙茶献给了道光皇帝，皇帝饮后称赞说好茶，问是什么地方的茶。林凤池说是福建茶种移至台湾冻顶山采制的。道光皇帝说："好吧，这茶就叫冻顶茶。"从此台湾乌龙茶也叫"冻顶茶"。

< 冻顶茶

第五章

人间仙境——台湾旅游胜地

台湾多风景名胜，四周沧海环绕，境内山川秀丽，到处是绿色的森林和田野，加上日照充足，四季如春，所以自古以来就有"美丽宝岛"的美誉，早在清代就有"八景十二胜"之说。作为著名的世界旅游胜地，台湾岛上的风光，可概括为"山高、林密、瀑多、岸奇"等几个特征。除了自然风光秀丽之外，台湾也是我国重要的人文景观游览胜地。

∧ 日月潭

第一节 著名景区

台湾有九个风景区：

一、东部海岸风景区

台湾花东海岸地区拥有美丽的自然景观、独特的文化资产和丰富的观光资源，是台湾难得的一片净土。

东部海岸风景区地形富于变化，有海岸阶地、沙滩、砾石滩、礁岸、离岸岛、海岬和海蚀平台、海蚀沟、海蚀洞等。东海岸地形结构以石梯坪、

花东海岸 >

三仙台及小野柳三处景观最具色。秀姑峦溪瑞穗闻名全台，也是夏日旅游的热门地方。区内可以从事泛舟、赏鲸、潜水等活动。该区也是阿美族的主要聚居地，每年7、8月，沿线各部落会陆续举办丰年祭，是体验阿美族文化的最佳时机。

二、冬山河亲水公园

位于冬山河为宜兰第五大河，流经罗东、冬山、五结等三乡镇，在全长24公里的冬山河流域中，经规划为以运动、游憩、休闲多元功能的河滨游憩区，共分上、中、下三段水域，各自展现不同的游憩风貌，期望能成为"户外水态博物园"。亲水公园是冬山河最重要的游憩据点，以重建人与水的自然伦理为诉求，模仿大自然造景并容入兰阳本土色彩，如水上舞台、五座圆锥形卵石丘及海面上的龟山岛，不经意地将兰阳地标引入园中。冬山河自古相传有青龙及黄龙护岸，因此河畔用卵石筑起高低起伏、弯曲有致的龙坡，分别镶上青、蓝和黄、橘的陶片，龙坡的阶梯上，一方方有趣的嵌镶画，是宜兰小朋友拼贴的杰作。

< 冬山河亲水公园

我爱台湾

三、苏花公路

　　位于 182.5 公里处的崇德隧道北口旁，有一条全长 320 公尺的崇德下海步道，步道上设有两个观景平台与一个公厕，站在观景平台上，可清楚欣赏太平洋与清水断崖。沿着步道石阶而下，约略 10 分钟，即到达砾石滩，可欣赏石灰岩地形岩生植物。紧临南澳村且伸入太平洋中的乌石鼻，远看就像一只俊秀的鼻子，将苏花海岸分割成南澳湾与东澳湾。东澳为苏花公路南行的第一站，盛产百合花，每年夏天，北上的黑潮海流恰从东澳边缘海域掠过，带来丰富鱼类，所以钓鱼在这里相当盛行。

苏花公路 >

人间仙境——台湾旅游胜地

四、太鲁阁

太鲁阁公园成立于1986年，横跨花莲、南投及台中，为台湾面积第二大公园。太鲁阁以雄伟壮丽、几近垂直的大理岩峡谷景观闻名。沿着立雾溪的峡谷风景线而行，触目所及皆是壁立千仞的峭壁、断崖、峡谷、连绵曲折的山洞隧道，大理岩层和溪流等风光。此外，太鲁阁牌楼是一中国味十足的小型牌楼，为留影纪念的热门景点；长春祠则为纪念开筑中横时所殉职人员，静立苍翠山谷中，飞瀑流泉穿泻而下，构成色调谐和的风景画。开路英雄永伴青山绿水，英灵堪慰。

< 太鲁阁牌楼

我爱台湾

154

五、垦丁森林公园

　　"垦丁"名称的由来是清光绪三年（1877年），清廷招抚局自广东潮州一带募集大批壮丁到此垦荒。为纪念这些筚路蓝缕、以启山林的开"垦"壮"丁"，而将此地名为"垦丁"。垦丁公园位于台湾南端恒春半岛之南侧，三面环海，是岛内唯一涵盖陆地与海域的森林公园，也是台湾本岛唯一的热带区域。特殊的地形、丰饶的动植物及独特的民情风俗，不仅是保育、研究、环境教育的自然博物馆，更是游人休闲旅游的怡情胜地。

∧垦丁公园

＜西子湾风景区

六、西子湾风景区

西子湾位于高雄市西侧，北靠万寿山，南隔高雄港与旗津半岛相望，是一处以黄澄沙滩、碧蓝海水浴场、迷人的夕阳美景及天然礁石闻名的湾澳；浑然山海衬着繁忙进出高雄港的各国船只，可谓最具港都特色的风景。

七、阿里山风景区

阿里山在嘉义县东北，是大武恋山、尖山、祝山、塔山等十八座山的总称，主峰塔山海拔二千六百多米，东面靠近台湾最高峰玉山。阿里山空间距离仅5公里，但由山下一层一层盘旋绕上山顶的铁路，竟长达72公里，

我爱台湾

156

阿里山 >

连通各森林区的支线，总长度有一千多公里。沿途有 82 条隧道，最长的达 1300 米。火车穿过热、亚热、温、寒四带迥异的森林区。

八、日月潭风景区

日月潭旧称水沙连、水社大湖、龙湖、珠潭，当地人也称它水里社。在祖国各大名湖中，独具亚热带的秀丽，一风一雨无不蕴藏着大自然的美，潭水四时不竭，水极清纯，无垠的漫漫绿波，恍若明镜一面，青山倒映，幽绝、静绝，清晨，山中、潭上往往有薄如轻纱的雾，山风一起，烟雾隐住了光华岛，而湖面更显得烟波浩渺了。日月潭风景区不但风光美丽，而且气候宜人，7 月平均气温高于 22 摄氏度，1 月略低于 15 摄氏度，日月潭以其天生绝色，被称为台湾仙境，也是台湾省的标志。

人间仙境——台湾旅游胜地

< 日月潭

　　日月潭位于南投县鱼池乡，全潭面积一百多平方公里，湖面周围33公里，以拉鲁岛（光华岛）为界，北半部形如日轮，南半部形如月钩，故而得名。日月潭环湖一周，约33公里，过去仅有日潭公路，1995年9月间，月潭公路完工后，使日月潭环湖公路也随之建成，游客可开车或骑机车，沿湖游览各个景点。环湖公路共设有两处收费站：一在日潭，中信大饭店附近；一在月潭潭头，即日月潭的最南端点。以日潭收费站为起点，顺时针方向游览日月潭环湖上各景点，依次是文武庙、孔雀园、日月村（德化社）、玄奘寺、慈恩塔、玄光寺。

九、"台北中山纪念馆"

　　"台北中山纪念馆"主体建筑建成于1972年，现在已经与馆外的中山碑林和中山公园形成一体，成了台北闹市中一个洋溢着书香的庄重肃穆所在。全馆用地约4万平方米，占中山公园总面积的四分之一，是当今台湾罕见的宏伟建筑物。纪念馆的正门高敞轩宏，入门是长方形的大纪念厅，

我爱台湾

台北"中山纪念馆" >

安置着孙中山先生的纯铜坐姿塑像，高 5.8 米，重 17 吨。大厅后南为纪念馆实用部分，上下二层，包括大会堂、图书馆、画廊、展览室、演讲室以及其他文化服务建筑。馆内设有四百个座位的图书馆，藏书十四万册。中山廊长达百公尺，四大展览室装潢精美，设计新颖，经常展示现代名家艺术品及建国史迹资料。表演厅经常举办高水平的音乐、戏剧演出。演讲厅每周都有学术性、生活性的讲座。"台北中山纪念馆"占地广，设备先进，又位于市区，交通方便，环境亦佳，所以开放以来成为首屈一指的文化艺术活动中心。

第二节　风情小镇

与台湾一些繁华城市相比，台湾的小镇那乡土气中掩饰不住的精致和淡淡的悠然，更有一番风情。观光局 2012 年举办的"台湾旅游小镇网络票选活动"获选前 10 名者为：台中市大甲区、桃园县大溪镇、台北市北投区、台南市安平区、金门县金城镇、高雄市美浓区、彰化县鹿港镇、南投县集集镇、新北市瑞芳区、宜兰县礁溪乡。

一、大甲马祖　民俗文化之旅

　　大甲区是台中市的市辖区之一，位于台中市西北角，北邻苗栗县苑里镇，西邻大安区、隔大甲溪接清水区、东邻外埔区，西为台湾海峡。气候为副热带季风气候，年均温约摄氏 24 度。大甲原为苗栗县行政区蓬山八社的大甲西社、日南社、双寮社，是当时平埔族道卡斯族的大本营。大甲区拥有许多独特的自然资源包括大甲溪、大安溪、铁砧山、匠师的故乡与松柏港等，民俗庆典与历史文化是本区的最大特色之一。如大甲街有镇澜宫为原汉共同建造的庙宇，每年 3 月大甲妈祖遶台进香活动，更是吸引百万人以上共襄盛举，目前已名列世界三大宗教庆典活动之一。至于贞节牌坊，则诉说弱女子救城民的故事，文昌祠禄位展现乡绅为教育的付出。

＜大甲马祖

我爱台湾

160

此外，大甲区马祖文化更有多种农特产享富盛名，如连续三年赢得"经典好米"、吉园圃的优质苦瓜、大甲粉葱、方型西瓜。此外，铁砧山更有明郑抚番留存的剑井、历史古迹的日南火车站、大安溪陆桥、大甲帽席、糕饼等等，皆值得介绍给岛内外人士，期望能结合本区人文、历史、古迹、生态与观光游憩资源等产业，引领游客重温本区的历史记忆与深情故事。

二、桃园县大溪

大溪镇为桃园县的一个镇，因有大汉溪而得名。大溪镇原为邻近复兴乡的木材输出门户，以大汉溪为河运管道。虽然现在河运已经不再，但当地的古渡头仍然保存。大汉溪两旁原为台湾河阶地形之代表，但在石门水库建立之后，因为水位下降，下切力道不足，使现在河阶地形之形成趋缓。县境内之风景代表为石门水库，风光明媚，为大溪镇之重点风景区，带动周边观光产业。大溪镇之特产为大溪豆干及木制品为主，其中又以红木神桌闻名。

大溪 >

人间仙境——台湾旅游胜地

大溪，有许多令人缅怀及深具历史意义的两蒋文化，好多故事都等待游客前来发掘，也是深受海内外欢迎的小镇。这里有百年风华，耐人寻味的小镇风情，充满古早味的建筑、古道、民俗表演、木器与小吃，召唤旅人们细细来品味。更有如诗如画的自然山水风光，结合现代休憩设施与景点，让人身心完全舒畅，流连忘返。

　　此外，自古即为交通枢纽的大溪更是北横的起点与多条主要道路的汇集处，从大溪出发，可同时体验多元族群文化、不同观光特色，并方便国际观光客进出。难怪2011年出版的米其林旅游指南，就以横跨2页的篇幅介绍大溪，并将其评鉴为2颗星推荐景点，由此可见当地深具吸引国际观光客的潜力。入选"十大"，可谓实至名归。

三、温泉天堂　北投风华小镇

　　北投区位于台北市最北方，北与台北县接壤。阳明山公园即位于此区及士林区。著名的北投温泉及关渡风景区也在此。东界、南界：与士林区隔山区、磺溪、基隆河为界。西界：与五股乡、八里乡隔淡水河为界。北界：与淡水镇、三芝乡、金山乡隔大屯山群为界。

<北投温泉博物馆

被美国纽约时报旅游版网站推崇是台湾温泉天堂的"北投"，拥有丰富的自然资源、浓厚的历史文化，是台北市著名的旅游胜地，其幅员涵盖北投温泉、阳明山地区公园、关渡风景区等，无论是岛内民众与海外观光客都相当喜欢前来。

北投得天独厚的环境，在时代潮流的需求与思古溯源的探寻下，发展为观光休闲的热门景点，除了北投温泉博物馆、北投文物馆、梅庭等丰富的古迹人文景点，还有林立的特色温泉旅馆，加上直达的捷运系统、全台第一座绿建筑图书馆及独一无二的温泉彩绘捷运列车等加持下，于2011年相继获得米其林绿色三星城镇及美国福斯新闻网的推荐，让北投成为台湾地区最具特色的观光小城。

四、台湾之名　源自安平

安平区是台南市37个行政区之一，台南市永华市政中心（原省辖台南市政府）即座落此处，区内北端为老安平聚落，为台湾最早开发地之一，在荷兰时期时这里建有大员市镇，而"台湾"之名也起源于"大员"。

安平老街 >

　　　　　　　　　　　人间仙境——台湾旅游胜地

 游客品尝安平得意虾饼

安平古称"大员",是台湾名称的由来,不仅有丰富史迹可供台湾民众寻根,游客来此亦可欣赏夕阳、可夜游、可观景、可看海,更可大啖美食。

安平知名古迹众多包括安平古堡、亿载金城、安平树屋早已是知名景点,来此非得前往一游,其它如东兴洋行、海山馆、德记洋行、安平小炮台等,也都有丰富的历史背景及各具特色的建筑风貌,分别呈现荷据、明郑、清朝、日治等不同时期所遗留下来的历史足迹。台湾地区300多年来最精彩的历史缩影,皆化作优美的古迹,留存在安平的结构之中。

安平小吃,是游客到达安平不容错过的重头戏,举凡虾饼、豆花、蜜饯、虾卷、蚵卷、鱼丸汤、蚵仔煎等美食,多得令人目不暇给。延平老街附近也变身为观光特产区,可以让你满载而归。

五、金门后浦　战地特色游

金城镇位于金门岛的西南角,是金门县政府所在地。金城为金门县最重要的政经、军事、文化中心,人口数占全县人口总数比例近35%。

 我爱台湾

后浦小镇沉淀百数年的人文历史，是金门政治和经济的首善之区；丰富的文化古迹有说不完的过往传奇，闽南文化、侨乡文化及战地文化的时代缩影，穿梭在这座城市街道，彷佛带领你走过一趟历史的长廊。

河、海、港、市的优良地理环境位置，交织成动人的生命乐章，倘佯在湖光山色的大自然，或者放松心情亲近大海，赏鸟逐浪在这里都已经不算奢侈的人生享受。充满岛屿人文印象的金城镇后浦古朴小镇，此次入选，势必更加提升其观光魅力。

六、微笑之乡　美浓客家庄

美浓区是客家六堆中的右堆，以深厚浓郁的客家文化内涵和底蕴而闻名，为高雄市以至台湾南部（浊水溪以南）最著名的客家行政区或客家文化区，2012 年台湾"十大观光小城"排名第五名。地形上为山区平原地形，东邻六龟区、东南邻屏东县高树乡、南邻屏东县里港乡、西邻旗山区、北邻杉林区。是荖浓溪出山口所在，全区水文系统丰富，有荖浓溪与其支流美浓溪贯穿全境。

∧ 美丽的南方客家小镇---美浓

　　美丽的南方客家小镇——美浓，曾获得天下杂志和台观光部门等单位举办"微笑之乡"网络调查，十万名网友票选分数最高，它以深厚的客家文化、农村景致与淳朴诚恳的居民，吸引着喜爱追寻不同旅游体验的人们到这里来感受最丰富的客家文化与生活方式。

　　客家人对于土地的深刻情感，体现在保护家园的自然生态上。在这里人与自然共生共存，可以近距离地亲近蝴蝶、鸟类等自然生态。美浓是全台客家文化保存最完整的其中一区，走进美浓小镇，参与居民们的生活，是体验客庄原味最好的方式。

　　美浓有着好水质与好环境，让米、蔬菜、水果的质量优良，结合客家饮食文化发展出当地专有必尝美食。向来重视教育与文化的客家人，让美浓更多了一份浓浓的人文气息，展现在美浓地区随处可见的日常生活当中，来到这里可以看到传统之外的创新客家面貌。

我爱台湾

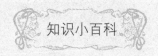

知识小百科

美浓油纸伞

　　美浓的油纸伞制作精巧，伞面上的中国书画极富美感。美浓油纸伞据说源自广东潮州，在传统的客家习俗中，女子结婚嫁妆中一定会有两把油纸伞，因为"纸"与"子"是谐音，具有早生贵子之意，且伞面时圆形代表"万事圆满"，如今的油纸伞着重于古典、美观，游客来台湾也会特别到美浓一睹油纸伞风采。油纸伞完全是用手工制作。细长的伞骨，都是用从台中运来的"孟宗竹"经浸水后削成，竹身硬而富有弹性。再经过钻孔、穿线，一顶圆形的纸伞骨架就此成型。接着将做成扇形的绵纸，用棉籽油一片片粘在骨架上，曝晒之后，涂上防水桐油，一把油纸伞就制作成功了。上过桐油的纸伞，既有防水的功能，又可增加绵纸的韧性，更使原本单调粗俗的绵纸变得亮丽透明。

∧ 美浓纸伞

七、鹿港逆转　镇民热情口碑好

　　鹿港镇隶属台湾彰化县，西面靠台湾海峡，东、南、北分别与秀水乡、福兴乡、线西乡以及和美镇相邻。面积 39.4624 平方公里，人口 8.5 万人，为彰化县人口第 4 多的乡镇。"鹿港"一名是因为荷兰时代此港口输出大量的鹿皮而得名。在港口和市街结构上，更保有大陆泉州的风味，所以赢得"繁华犹似小泉州"的美名。

　　鹿港是一个具有三百多年历史的小镇。明末清初，鹿港盛极一时，当年的庙宇、街巷，如今依然完好地保留了下来。鹿港，是一道"过去"的风景线。提到鹿港，人们的脑海里首先想到的，应该的罗大佑那首家喻户晓的歌曲——《鹿港小镇》。走在鹿港小镇街头，看着两旁古老的建筑物，享受着悠闲的下午时光，吃着特色的小吃，人生最美好之事，莫过于此。

　　鹿港镇除了硬件外，更难得是保留台湾丰富的民俗文化，而镇民的热情，更是推展观光最重要的后盾。游客在鹿港镇问路，得到的回答常常不

<rice鹿港老街

是"我告诉你怎么走",而是"我带你去"。这样的热情,让来访鹿港的海外游客都印象深刻。

八、绿色慢游　南投集集好乐活

集集镇位于台湾省南投县西部,总面积为 49.7268 平方公里,该镇北邻中寮乡,西邻名间乡,东邻水里乡,南接竹山镇、鹿谷乡。集集以铁道观光小镇闻名,本地亦为"九二一"地震震央所在。

当金色阳光点点、洒照绿色隧道,路上游人悠闲自在地慢慢骑着"卡打车",追着火车、迎着风,美好的田园景色一路相随,何等逍遥。集集镇迷人的万种风情就此展开它全台无可抵挡的特色观光魅力!

嘈杂、喧嚣的轰轰车声,你厌倦了吗?烦燥、郁卒的心灵,你想抛离吗?集集小镇的悠闲自在、宁静舒适的绿色氛围,绝对能贴近你、拥抱你的心海。悠久的古迹车站、自然景观、美食特产,无不融合深度内涵的人

集集镇的单车文化 >

　　　　　　　　　　　　人间仙境——台湾旅游胜地

文气息，形塑集集镇为全台独一无二的观光文化小镇旗舰地位！这个人人心中的观光休闲天堂梦，只有集集，才能圆梦。

来集集搭火车、踩单车，享受绿色的自然魅力风情，是你无法拒绝的诱惑！

九、瑞芳水金九　矿山秘境

瑞芳区是新北市下的一个辖区，位于新北市东部，昔日以矿业繁一时。近年停采后发展出以矿业文化为中心的观光业。水金九（相似于闽南语读音"美很久"）这三个字符串起了新北市瑞芳区三个美丽的小城镇水湳洞、金瓜石与九份。水金九就像是台湾矿业的缩影般，充满了历史与人文风情。

因采金而繁荣，也因采矿方式的不同，呈现不同的面貌；纯朴可爱的水湳洞、高贵幽静的金瓜石、矿工夜夜笙歌的九份，即使在金矿停采后，亦呈现不同风貌，吸引人们探访、逐梦。

其中水湳洞拥有媲美"庞贝古城"的十三层选矿场、交迭着金黄与湛蓝的阴阳海以及展现大自然鬼斧神工的"黄金瀑布"。

<瑞芳水金九

我爱台湾

金瓜石独有的清幽、纯朴的小镇景致，诉说着对山城无尽的眷恋；而繁华热闹的九份老街则蕴藏丰富的人文故事与艺术文化，给予疲惫的旅人无尽的慰藉与愈疗，提供一种简单却回味无穷的心灵体验。

十、礁溪温泉　养生乐活小城

礁溪乡位于宜兰县北部，东经121.43度，北纬24.48度，北邻头城镇、西接新北市乌来区和坪林区、南为员山乡和宜兰市、东南邻壮围乡，总面积约为101.4278平方公里；礁溪乡地理位置优越，在雪山隧道开通后越来越多人前往礁溪旅游，一日来回的旅程不仅省时而且也能玩遍礁溪各个旅游景点，礁溪是大台北地区民众假日休闲的旅游好去处喔！

礁溪乡有全台唯一的平地温泉资源，交通可及性极佳，因为地处火山带，形成特殊的温泉、瀑布、湖泊及山景等多样景观地貌，自然景观资源极为优质，观光产业发达。

宜兰县政府更大力投入预算，建置各项软、硬件设施，建构更为友善的旅游环境，为观光游憩事业之发展奠定良好基础。而土地肥沃、水资源

礁溪乡风光 >

人间仙境——台湾旅游胜地

丰沛的礁溪，不仅适宜农业发展，更深藏观光发展潜力。礁溪乡以其天然资源及地理区位优势，加以部门推动观光事业发展之决心，极具竞争力，也是最值得推荐给游人的城市。

第三节　著名公园

台湾有八大公园：

一、雪霸

地处新竹、苗栗、台中三县的交界处，境内高山林立，景观壮丽，高差达三千多公尺，以雪山为中心，向四周辐射多支棱脉，但见远近的山棱

<雪霸国家公园风景

蜿蜒伸展，层次分明，地势崇峻。雪山主峰高3886公尺，为山脉之最高点，是台湾的第二高峰，台湾府志因其"积雪莹澈光明晴霁望之，辉白如玉"而名为雪山。大霸尖山3492米，有"世纪奇峰"之誉，山容壮丽。

二、玉山

位居台湾中央地带，区内崇山峻岭，台湾三千米以上百岳名山有三十座位处其中，有气势磅礴、雄伟壮丽者，有奇峰俊秀、自成风格者，美不胜收，为一典型的山岳型公园。除蕴涵有丰富的植物相外，另有丰富的动物及景观等自然资源孕育其中。园区内丰饶珍贵的自然人文资源属全民共享，是最美好纯净的乐土。

三、阳明山

紧临台北都会区，全区以大屯火山群汇为主，因火山活动造成的锥状与钟状火山体、火口湖、硫气孔、地热与温泉，具有研究及娱乐

阳明山 >

　　　　　　　　　　人间仙境——台湾旅游胜地

价值。植物相兼具高草原、矮草原、阔叶树林、亚热带雨林、雨水生植物群落，孕育台湾水韭、大屯杜鹃、蝴蝶与鸟类。阳明山公园栽植的樱花及杜鹃，成为台北近郊最吸引人的赏花场所；夏季雾雨初晴时，常可在山区觅得"虹桥跨立山谷"的景致；"大屯秋色"盛名远播；冬季则云雾弥漫。

四、太鲁阁

横跨花莲、南投及台中，以雄伟壮丽、几近垂直的大理岩峡谷景观闻名。触目所及皆是壁立千仞的峭壁、峡谷、连绵曲折的山洞隧道等风光。燕子口和九曲洞，是太鲁阁峡谷最让人心动的自然奇观。燕子口对岸大理石峭壁上可见到许多小洞穴，每当春夏之际，常有小雨燕和洋燕在峭壁间穿梭鸣唱，或在洞穴内筑巢，故而得名燕子口。而九曲洞"如肠之回、如河之曲"的隧洞景观，游客可沿回转曲折的半明半暗路线欣赏峡谷风光。

<太鲁阁

我爱台湾

五、金门

　　福建省金门县古名浯洲，明、清两代，科甲鼎盛，名将辈出，郑成功曾驻军于此，现代更经历古宁头战役及八二三炮战，以战地风光、海上公园著称，面积5745公顷，分为古宁头区、太武山区、古岗区、马山区、复国墩区及烈屿区，除了战役纪念史迹、传统聚落及文物外，在地质上由花岗片麻岩构成的丘陵地形，自然环境特殊因近大陆边缘，为候鸟迁徙中继站，发现199种野鸟，具有研究及解说价值。

六、东沙环礁

　　拥有台湾海域唯一发育完整的环礁，系由珊瑚礁经千万年的生长堆积而形成，属于特殊珍贵自然景观，足以代表台湾自然遗产。东沙环礁孕育丰富的珊瑚礁生物，也拥有多处古沉船遗迹，需长期保存；而且东沙环礁景观优美，向有"南海之珠"的美誉，又邻近东亚、东南亚各国，具有许多的海洋文史资料。

东沙环礁 >

七、垦丁

位于屏东县境内，三面环海，同时涵盖陆域与海域。本区有高位珊瑚礁、海蚀地形、崩崖地形等奇特的地理景观。孕育出丰富多变的生态样貌，海岸林带的植物群落尤其特殊罕见，每年还有大批候鸟自北方飞来过冬，数量之多蔚为奇观；海底的珊瑚景观更是缤纷绚丽，为垦丁妆点出卓绝风貌。

八、台江

位于台湾本岛西南沿海，陆域纵贯台南市沿海，面积4905公顷，以多变的海岸冲积地形和古航道为特色，兼具自然、人文历史及传统产业的文化景观，海域部分即汉人先民渡台主要航道中东吉屿至鹿耳门段为范围，其大都是位于百年来所称"台江"范围内。还有由红树林、湿地等构成的自然生态景观，犹如镶嵌在台湾西南沿海的绿宝石。

＜台江

我爱台湾

第六章

和平发展——两岸关系愿景

　　台湾自古以来就是中国领土不可分割的一部分，两岸同胞都是炎黄子孙，血脉相连，习俗相仿，语言相通，文化同源，人员往来源远流长。两岸人员往来以及经济和文化交流与合作，是历史发展的必然，是两岸人民的共同愿望。

∧ 台州—台湾海上客运直航已经成两岸经贸文化交流的海上黄金走廊

第一节　两岸关系曲折中发展

当今世界风云变化，但是和平与发展成为当今时代的主题。历史的主流是无法抗拒的。改革开放后，两岸关系在 1987 年开始破冰，并在 1992 年达成了具有历史意义的"九二共识"，上世纪 80 年代末到 90 年代初，可谓是两岸关系的春天。可是到了 90 年代中后期，由于"台独"分子李登辉、陈水扁等人上台执政导致两岸关系跌入谷底。在陈水扁当局既然公开叫嚣"台独"，视全中华民族的利益于不顾。这是一个民族的罪人，更是中华民族的败类。20 世纪末到 21 世纪初的前几年，是台海局势最为紧张，两岸关系极其恶劣的时候。台湾当局领导人推行"台独"政策，不仅伤害了大陆 13 亿同胞的心，更伤害了海内外中华儿女的情感。中国大陆政府面对"台独"分子的分裂活动毫不妥协，打击了"台独"分子的嚣张气焰。

∧海峡两岸妈祖文化交流日益密切

　　　　　　　　　　　和平发展——两岸关系愿景

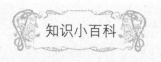

"海协会"与"海基会"

1987年11月，台湾当局开放民众赴大陆探亲，两岸民间交流日益频繁，但同时也衍生出走私、偷渡、财产继承、婚姻关系、经贸纠纷等诸多问题。1991年，为解决上述问题，台当局主导成立了海峡交流基金会（简称"海基会"）。在两岸没有直接官方交流渠道的情况下，海基会与大陆对口单位海协会充当了两岸官方接触的桥梁。身为国民党中常委、台湾工商协进会会长的辜振甫长期担任董事长一职。2012年9月27日，林中森接替江丙坤成为"海基会"新任董事长。

与台湾海基会对应的大陆海峡两岸关系协会（简称"海协会"）成立于1991年12月，其宗旨是"促进海峡两岸交往，发展两岸关系，实现祖国和平统一"。海协会首任会长为汪道涵，荣毅仁曾任海协会名誉会长。海协会成立迄今共组成过三届理事会，第三届理事会现有理事225名。2013年4月26日，海协会第三届理事会第一次会议推举陈德铭为海协会会长。

海协会与海基会在两岸关系发展历程中发挥了重要的作用。最为人称道的就是1992年在香港达成的"海峡两岸均坚持一个中国原则，努力谋求国家的统一"的"九二共识"，以及1993年汪辜会谈。

<1993年4月27日，"汪辜会谈"前汪道涵（左）与辜振甫握手

其实，他们那么做，到头来伤害的是两岸人民的感情。当陈水扁极力推行"台独"的时候，也遭到了岛内民众和在野党的反对。为了维护国家的利益，2005 年 3 月 14 日，全国人大通过了《反分裂国家法》，正式以国家法律的形式反对和遏制"台独"分裂势力分裂国家。也就是在这个时候，两岸关系开始发生历史性变化。2005 年 4 月 26 日至 5 月 3 日，中国国民党主席连战访问大陆。胡锦涛与连战共同发布《两岸关系发展共同愿景》，这是时隔 60 年后，国共两党领导人再次握手，两党共同迈出历史性的一步。这次会晤，在两岸关系中是可以彪炳史册的。

第二节　两岸关系迈向新时代

2008 年，在两岸关系发展中是特殊的一年。国民党主席马英九成功当选为台湾地区的领导人，两岸关系也因此走上快车道。同年 11 月 4 日，海协会和海基会签署《海峡两岸空运协议》、《海峡两岸海运协议》、《海峡两岸邮政协议》。在 12 月 15 日，海峡两岸海运直航、空运直通、直接通邮全面启动，两岸关系新时代真正来临。两岸人民本是同根同族，又何必分庭抗礼呢？此后，两岸关系进一步发展。经济上两岸经贸合作扩大，从 2008 年以来两岸签署了《海峡两岸经济合作框架》等 15 项协议。特别是 ECFA 的签署，为两岸的经济发展带来了实实在在的利益。对两岸的关系影响是深远的建立了两岸经贸交流机制，促进两岸更深入的经贸合作，更加有利于和平发展的局面。两岸人员的流动，带动了两岸文化的交流，现在两岸也定期举行文化交流。两岸文明同属中华文明，文化交流有利于两岸人民对中华文明的认同感。虽然现在两岸政治、军

在建的厦门对台客滚码头 >

事交流落后，但只要台湾当局不搞任何形式的"台独"，两岸关系是不会闹僵的。这两年两岸合作实践充分证明："先易后难、先经后政，把握节奏，循序渐进"的两岸关系发展基本思路是正确适当的，是符合两岸发展的现实。

第三节　两岸关系美好愿景

　　中国近代以来，饱受列强侵略。在 1949 年，我国实现真正独立的时候，国家却分裂了，这是历史遗留下来的问题。60 年过去了，两岸关系经历了一系列的风风雨雨。但是，两岸同属中国却未改变。改革开放 30 多年来，两岸关系发展的实践告诉我们，两岸关系的发展要实行"和平统一、一国两制"的方针，推行"江八条"、"胡四点"。在以后的十年里，两岸不

我爱台湾

会在形式上实现统一，却能够在经济、文化交流中，达到"你中有我、我中有你"，逐步加大军事、政治、文化的交流。

我们要在一个中国的原则下，争取和平统一，但绝不承诺放弃使用武力。牢牢把握两岸关系和发展的主题，坚决反对"台独"分裂活动始终不变，台湾问题是中国的内政，我们反对任何国家、任何势力干涉我国的内政。

路漫漫其修远兮，解决台湾问题是一条漫长的道路。但是台湾问题也不能长期拖下去的。早日实现祖国的完全统一，是全世界中华儿女的共同心愿。如今在两岸关系向和平发展大步迈进的时刻，要顺应道德潮流和历史的趋势，不断推进祖国和平统一进程不断向前。

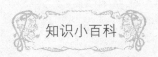

知识小百科

《鼓神》在台北展演

《鼓神》由厦门星海舞蹈团与台中九天民俗技艺团合作创编，以台湾阵头鼓为载体，以舞蹈诗的形式围绕天、地、人、神四个版块，通过以海为生的生活常态和民俗宗教信仰，呈现海峡两岸共通的闽南民俗和人文精神。《鼓神》创作历时三年，开创了两岸共同创作、参赛、展演的文化交流先例。《鼓神》2013年8月在台北展演。

< 舞剧《鼓神》

图片授权

全景网

壹图网

林静文化摄影部

敬　启

本书图片的编选，参阅了一些网站和公共图库。由于联系上的困难，我们与部分
入选图片的作者未能取得联系，谨致深深的歉意。敬请图片原作者见到本书后，
及时与我们联系，以便我们按国家有关规定支付稿酬并赠送样书。

联系邮箱：932389463@QQ.com